피라미드**골프**

박길석 지음 ———

PYRAMID GOLF

365일 가지고 다니는 **골프 매뉴얼**

피라미드 **골프**

예문당

"용감하게 지금 하지 말고,
용감하게 지금 더 지독해져라."

—By 줄 쟈이밍

머리글

골프는 자연이고,
예술이며 과학이다

골프는 자연 속에서 아주 작은 홀을 찾아가는 운동이다.
길을 찾아가는 과정이 정상을 향한 등산과도 같은 운동이다.
스윙을 할 때마다 자연과 자신을 알아가는 행복한 순간들이기도 하며 눈, 비, 바람, 언덕, 물, 모래, 숲 등 많은 장애물을 극복하는 운동이기도 하다.
골프가 어려운 이유는 자연과 도구를 잘 이해하지 못하고 시작하기 때문이다.
골프는 14가지의 도구를 사용하게 규정되어 있다. 14개의 도구를 통해 인체공학, 물리학, 재료공학을 이해하고 공부하며 자연을 극복하는 운동이다.
그러므로 골프는 자연이고, 예술이며 과학이라 할 수 있다.

K. S. Park 아카데미

박길석 프로

contents

머리말		05
1장	골프란 무엇일까?	08
2장	골프의 역사	13
3장	피라미드 이론	15
4장	골프 게임 종류	21
5장	골프 정복	24
6장	멘탈이란?	26
7장	골프 티칭 자세	32
8장	골프 인체공학이란?	34
9장	스윙 전 무엇을 점검해야 하나?	52
10장	프리샷 루틴이란?	63
11장	스윙 프리샷 루틴 순서	69
12장	볼의 구질	95
13장	골프 영상이란?	100
14장	골프 스윙이란?	107
15장	백스윙이란?	120
16장	다운스윙이란?	138
17장	임팩트란?	153
18장	팔로 스루란?	167

19장 피니시란?	175
20장 파워게임이란?	180
21장 쇼트게임이란?	186
22장 어프로치샷 3대 요소	190
23장 벙커샷이란?	229
24장 퍼팅게임이란?	242
25장 트러블샷이란?	273
26장 장타 팁은?	276
27장 골프 연습과 교정방법	280
28장 골프 레슨 방법	288
29장 골프 지식	290

1장 골프란 무엇일까?

1-1 골프는 예술이다

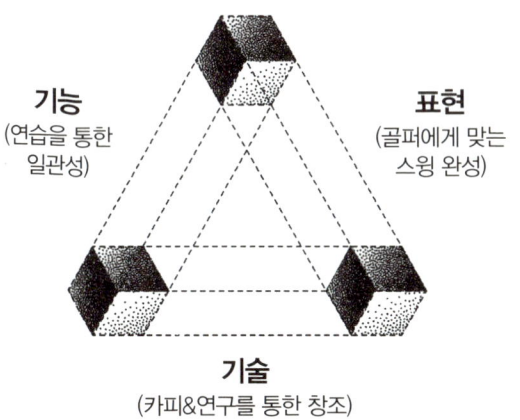

기능
(연습을 통한
일관성)

표현
(골퍼에게 맞는
스윙 완성)

기술
(카피&연구를 통한 창조)

예술이란

기능&기술을 뜻한다. 여기서 기능은 일관성을 뜻하며 골프에서는 연습을 뜻한다. 기술은 카피와 공부로 새로운 것을 창조하는 것이다. 14개의 도구를 사용하는 방법론이 기술이다. 위 두 가지를 찾아 골퍼의 스윙은 만들어진다. 위대한 예술은 누구나 접근하기 쉽고 이해하기 용이하다. 진정한 예술은 새로운 감정을 생활 속에 교감시키는 일로써 사람과 사람을 결합시키는 것이다. 예술과 언어란 인간 발전의 두 가지 수단이다. '예술=마음, 언어=소통'이라 할 수 있다. 표현이란 골퍼의 스윙을 보고 청중이나 관중이 감동한다면 그것은 예술이다. 골프 또한 감동적인 운동에 속한다.

1-2 골프는 과학이다

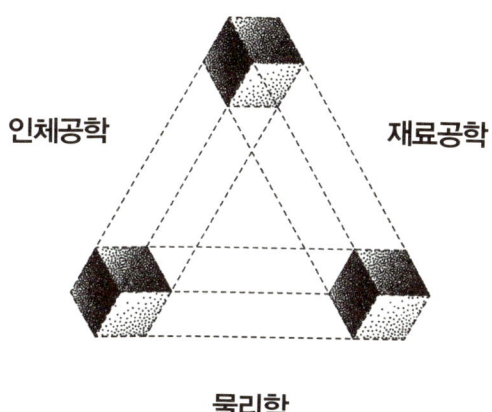

인체공학적 요소(Body Technology Element)

몸통Body—골반Pelvis—대퇴Thigh(하체)

물리학적 요소(Physical Element)

클럽페이스 각도—스윙 아크의 크기—헤드 스피드

재료공학적 요소(Equipment Element)

샤프트—클럽헤드 반발계수—볼의 탄성

1-3 골프 성품

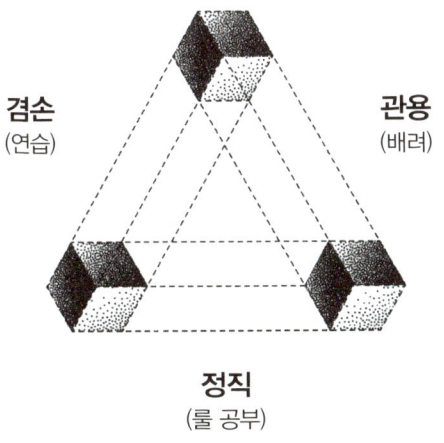

겸손
(연습)

관용
(배려)

정직
(룰 공부)

겸손(Modesty)

자기 자신을 낮추고 배우는 마음가짐으로 연습하고
언제나 자연을 맞이한다.

정직(Honest)

골퍼 룰 공부를 게을리 하지 않고, 스스로 지킨다.

관용(Toleration)

상대 골퍼가 가장 좋은 시간을 보내도록 배려하는 자세이다.

1-4 골프 행복

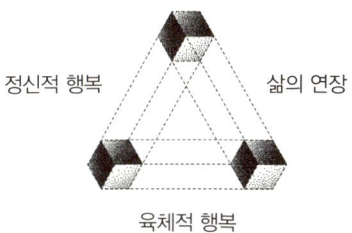

— 정신적 행복: 도전을 통한 통쾌한 스윙과 만족할 만한 스코어.
— 육체적 행복: 적당한 운동량, 맑은 공기.
— 삶의 연장: 다양한 삶 속에 스며드는 적절한 행복.

1-5 골프 목표

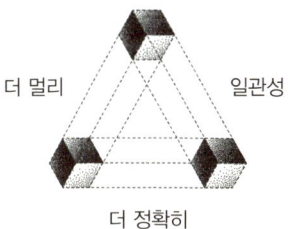

— 더 멀리: 평소 과학적 연습과 헬스를 통한 결과.
— 더 정확히: 계획, 계산, 집중으로 만들어진 샷.
— 일관성: 연습과 훈련을 통한 반복성.
— 더 멀리: 멀리 친 선수는 세컨 샷을 가장 나중에 할 수 있는 골프 규칙으로 인하여 점검, 확인할 수 있는 여유가 생긴다.
— 더 정확히: 정확히 친 선수는 계획된 코스 공략으로 실수를 줄일 수 있다.
— 일관성: 언제나 더 멀리, 더 정확히 스윙하면 좋은 결과가 만들어 진다.

1-6 골프 장점

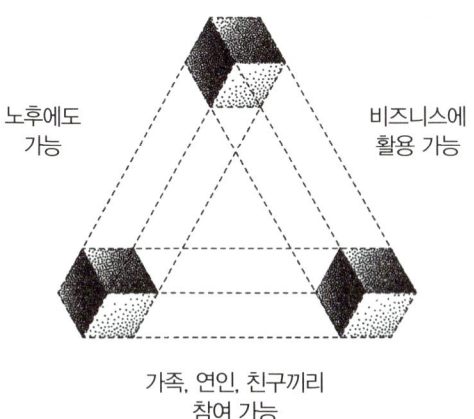

노후에도
가능

비즈니스에
활용 가능

가족, 연인, 친구끼리
참여 가능

— 골프는 정신적 행복과 육체적 행복을 가장 오래 누릴 수 있는 운동
이다.

2장 골프의 역사

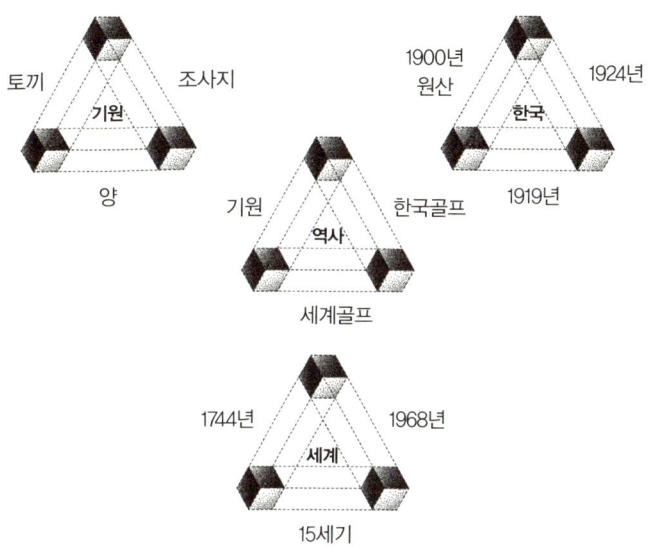

골프의 기원
— 토끼들이 놀던 곳, 그린(Putting Green).
— 양이 풀 먹던 곳, 페어웨이(Fairway).
— 해변 조사지 링크스(links), 자연 골프장.

세계 골프 - 15세기 스코틀랜드　　**한국 골프**
— 1968년 영국 런던 블랙히스클럽　　— 1900년 원산 해안 6홀(영국인)
— 1744년 스코틀랜드 도시 리스에서　— 1919년 효창운동장(미국인)
— 골프 규칙 13조항 재정이 최초이다.　— 1924년 (조선)경성골프구락부 창설

1900년　구한 말 영국인이 원산 해안에 6홀을 만들어 사용했다.
1919년　5월 미국인 H.E. 댄트가 효창운동장에 9홀을 만들었다.
1924년　조선 철도국은 서울 효창운동장 부근에 9홀을 만들어 경성골프구락부를 창설한다. 이후 전국으로 퍼지고, 1941년 연덕춘 선수가 일본 오픈에서 290타로 우승, 1965년 한국골프협회가 만들어졌다.

2-1 메이저 대회 우승 골퍼들의 역사

— US 마스터즈.
— US 오픈.
— 브리티시 오픈.
— US PGA 선수권 대회.

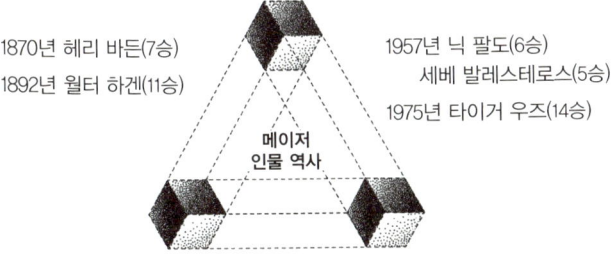

1870년 헤리 바든(7승)
1892년 월터 하겐(11승)

1957년 닉 팔도(6승)
세베 발레스테로스(5승)
1975년 타이거 우즈(14승)

메이저
인물 역사

1902년 진 사라센(7승) 보비 존슨(13승)
1912년 바이런 넬스(5승) 샘 스니드(7승) 벤 호건(9승)
1929년 아놀드 파머(7승)
1935년 게리 플레이어(9승)
1939년 리 트레비노(6승)
1940년 잭 니클라우스(18승)
1949년 톰 왓슨(8승)

3장 피라미드 이론

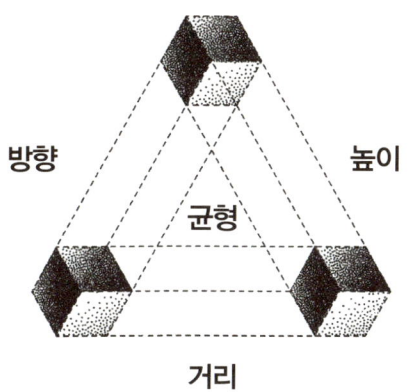

— 방향(표적, Target).
— 거리(목표까지 거리 측정).
— 높이(비행각도, 접근각도).
※가장 중요한 것은 균형(Balance)이다.

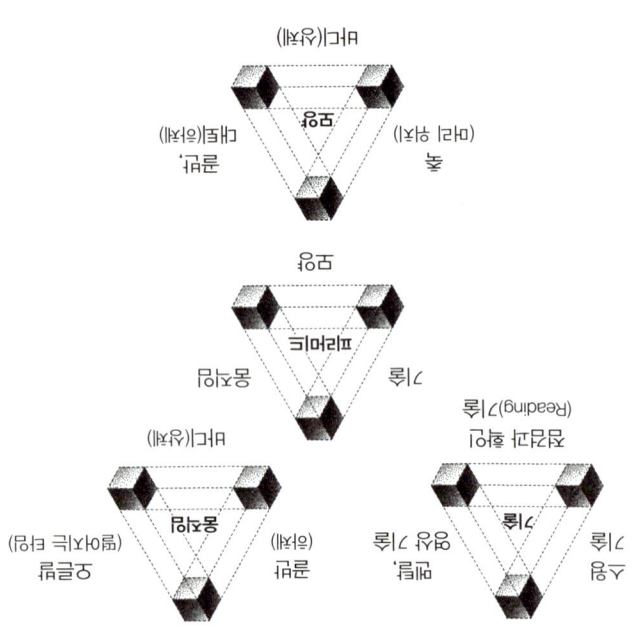

그림 3-1 품질 3단계 피라미드

3-2 거리의 3대 요소

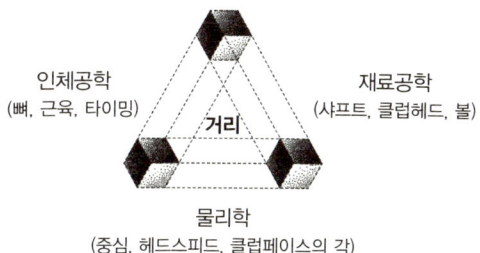

— 인체공학(뼈, 근육, 타이밍).
— 물리학(중심, 헤드스피드, 클럽페이스 각).
— 재료공학(샤프트, 클럽헤드, 볼).

3-3 헤드 스피드의 3대 요소
(The Three Requisites For Clubhead Speed)

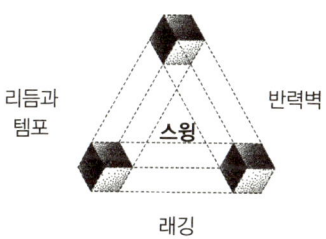

— 리듬과 템포(Rhythm&Tempo): 리듬은 가속도를 말하고, 템포는 각 속도를 뜻한다. 리듬과 템포는 올바른 임팩트 타이밍을 가져온다.
— 래깅(Lagging)현상: 백스윙 톱에서 손목 코킹 꺾어진 앵글을 그대로 유지하고 다운스윙하는 동작이다.
— 반력벽(Left Pivot): 측방이동에서 만들어 지고 느껴야 한다. 즉 왼발 바닥, 무릎, 왼쪽 어깨 측을 말한다.

3-4 스윙의 3대 요소

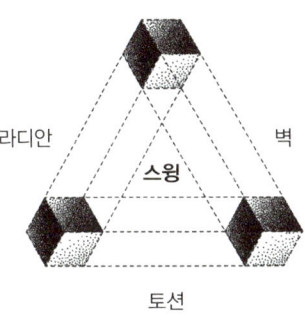

— 라디안(Radians): 헤드가 지나는 원호 길이(템포)와 속도 변화(리듬)의 일관성이 중요하다.

— 토션(Torsion): 백스윙 톱에서 임팩트 순간까지 클럽 샤프트의 비틀림 현상

— 벽(Wall; P2): 순간 중심축으로 스윙 반대 방향 저항력.

— 라디안(Radians)의 길이 변화는 헤드의 딜레이드 히트(Delayed Hit) 크기와 비례한다.

3-5 스윙 현상

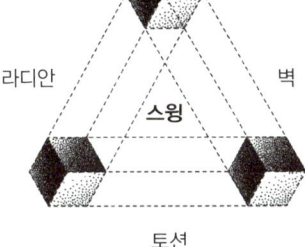

3-6 잭 니클라우스

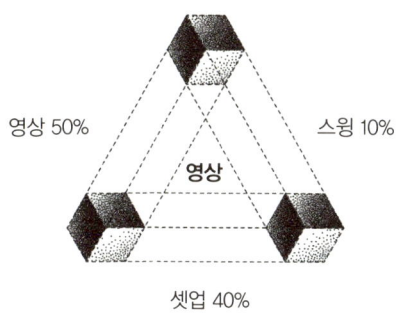

— 머릿속에 선명한 그림을 그리지 않으면 절대 샷을 하지 않는다.
— 볼 경로, 탄도, 런 현상을 미리 예측하고 샷을 한다.

3-7 스윙 영상

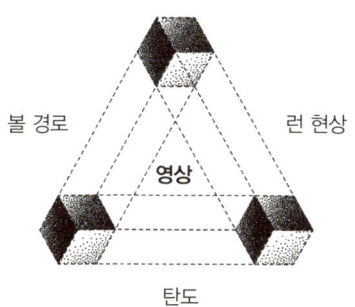

3-8 템포의 3대 요소(The Three elements for Tempo)

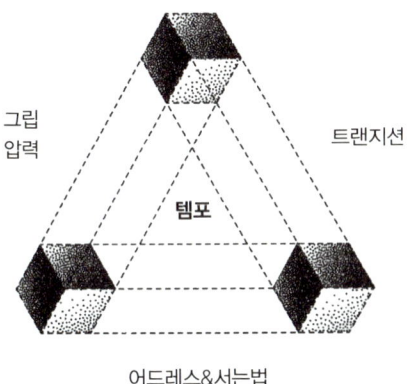

그립
압력

트랜지션

템포

어드레스&서는법

— 그립 압력(Pressure of Grip).
— 어드레스&서는 법(Address).
— 트랜지션(Transition) 정점: 백스윙 톱에서 잠깐 멈춤.

템포(속도)—리듬(성질) = 산물은 타이밍이다.
클럽헤드를 던지면 리듬이 좋아진다.

4장 골프 게임 종류

파워게임―쇼트게임―트러블게임

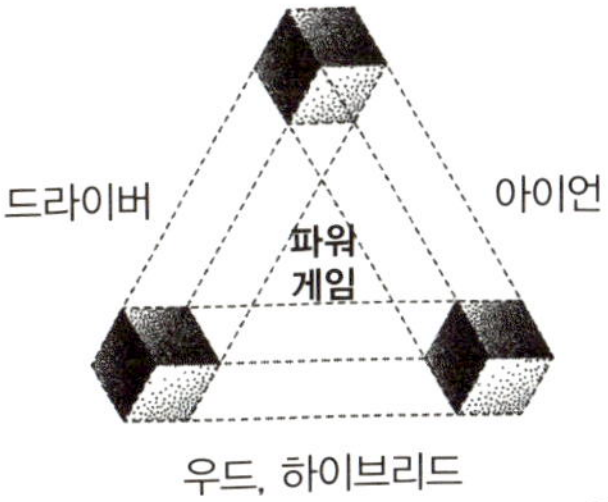

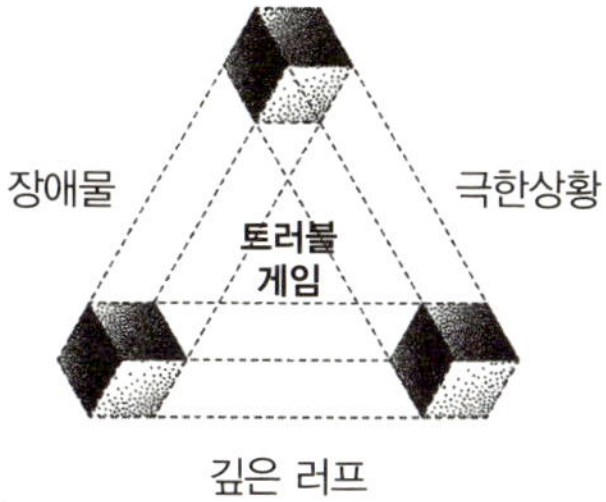

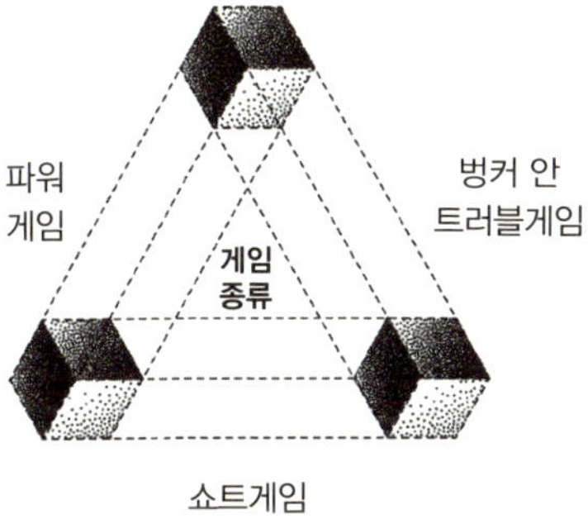

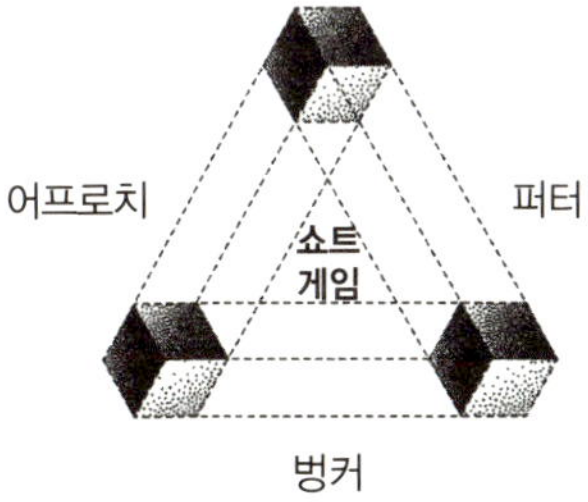

- 파워게임(Power Game): 드라이버(Driver), 우드(Wood), 하이브리드, 아이언(Iron).
- 쇼트게임(Short Game): 어프로치(Approach), 벙커(Bunker), 퍼팅(Putter).
- 트러블게임(Trouble Game): 에그프라이 벙커샷, 페어웨이 벙커샷, 러프샷, 극경사샷, 장애물샷 등.

4-1 게임 영역

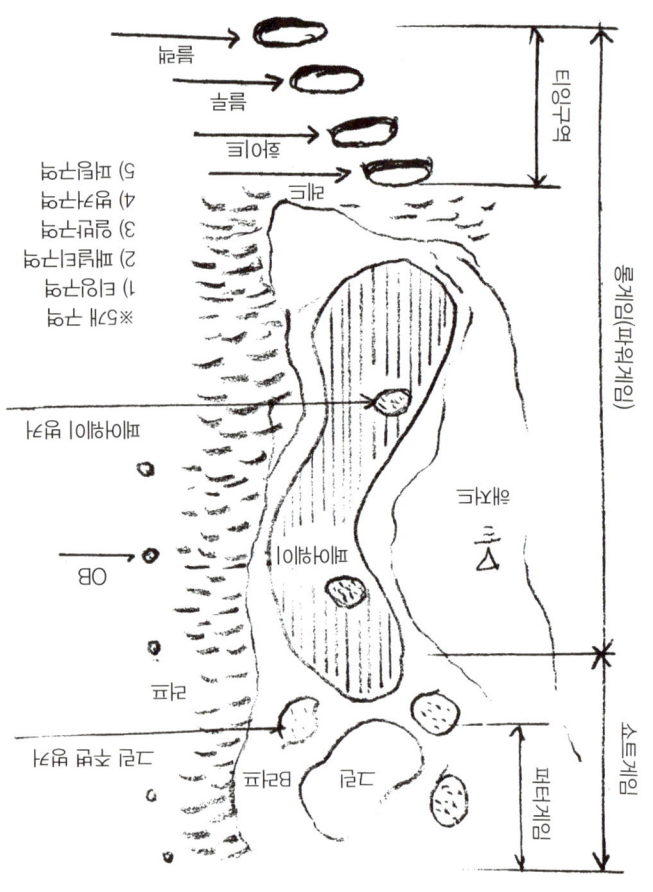

골프장 구성

코스는 총 18개로 구성되어 있다. 티잉 그라운드에서 그린까지의 거리에 따라 세 번만에 넣는 파 3홀, 네 번만에 넣는 파 4홀, 다섯 번만에 넣는 파 5홀로 나뉜다. 18홀 중 파 3가 4개, 파 4가 10개, 파 5가 4개로 구성되어 있고, 이를 모두 더하면 총 72타가 된다.

홀	타수	홀의 수	총 타수
파 3	3타	4개	12타
파 4	4타	10개	40타
파 5	5타	4개	20타
총		18개	72타

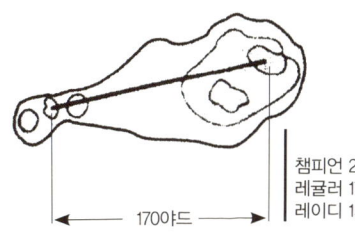

Par 3
250야드 이하의 짧은 홀로써 티잉 그라운드에서 한 번에 볼을 그린에 올리고, 두 번만에 홀컵에 넣는 홀이다.

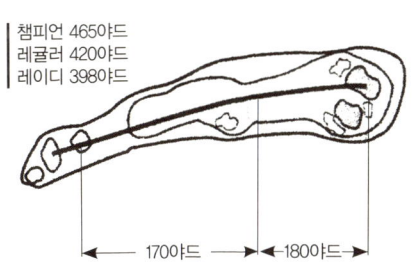

Par 4
251~470야드의 홀로써 두 번에 볼을 그린에 올리고, 두 번만에 홀컵에 넣는 홀이다.

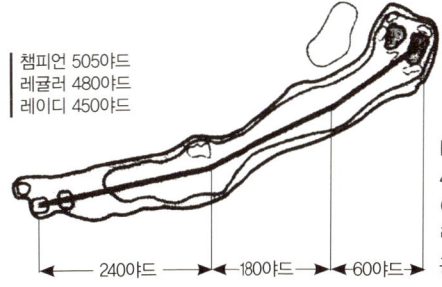

Par 5
471야드 이상 되는 홀이다. 세 번에 볼을 그린에 올리고, 두 번만에 홀컵에 넣는 홀이다.

5장 불포 장득

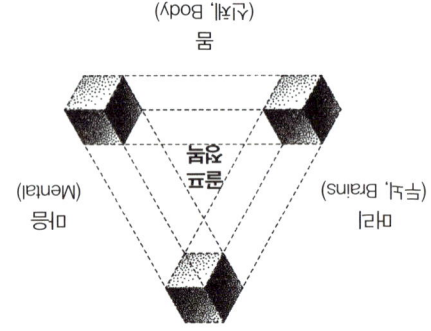

마음 (Mental) — 평정 포룰 — 몸 (신체, Body)
마리 (느낌, Brains)

5-1 통이 삼엉법

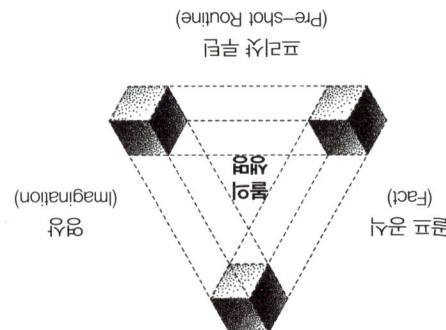

프리샷 루틴 (Pre-shot Routine)
영상 (Imagination) — 통이 삼엉 — 룬운 운시 (Fact)

5-2 골프 루틴 3단계 장점

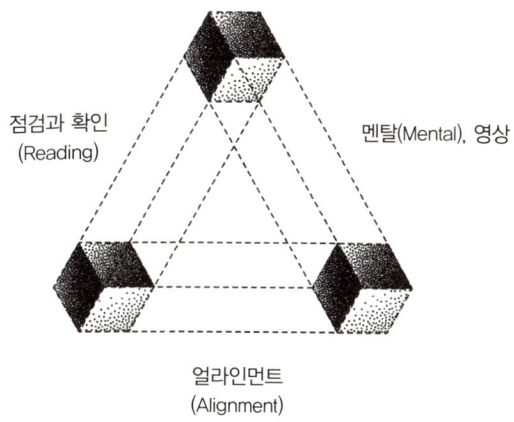

6장 멘탈이란?

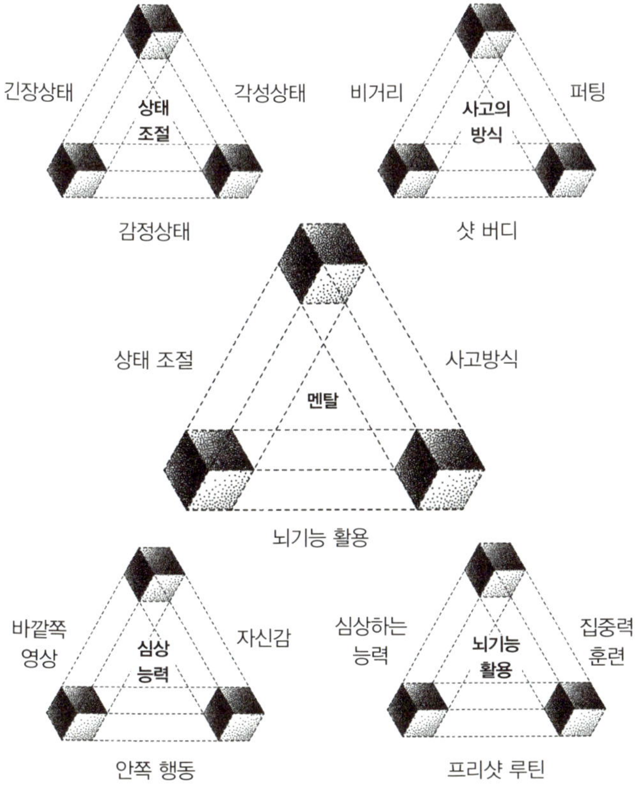

```
        상태                        사고의
긴장상태  조절  각성상태      비거리  방식  퍼팅


        감정상태                      샷 버디


        상태 조절           사고방식

                  멘탈


                뇌기능 활용


바깥쪽    심상          심상하는    뇌기능
영상      능력  자신감    능력      활용   집중력
                                          훈련

        안쪽 행동                    프리샷 루틴
```

— 상태조절: 긴장상태–감정상태–각성상태–긴장 확인에 의한 에너지
  로 목표(Target) 영상에 담는다.

— 뇌기능 활용: 심상하는 능력–프리샷 루틴–집중력 훈련(한 가지만 남
  을 때까지 연습한다).

— 사고의 방식: 생각하는 방식으로(비거리–샷 버디–퍼팅) 결과가 나오
  면 자신감을 갖는다.

— 심상하는 능력: 바깥쪽 영상–안쪽 행동–자신감.

— 강한 멘탈: 노력(운동) 일관성–100% 없다–포기하지 않는다.

6-1 강한 멘탈(Strong Mental)

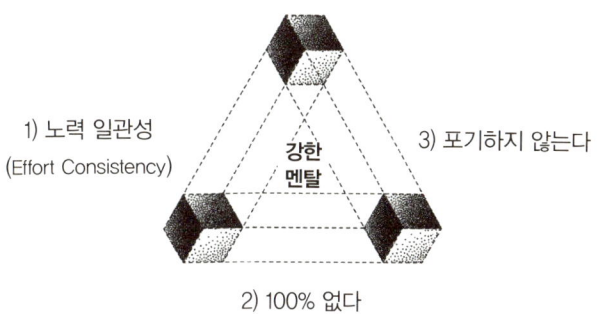

1) 노력 일관성
(Effort Consistency)

강한 멘탈

3) 포기하지 않는다

2) 100% 없다

열정이 기술보다 우선한다. 계획과 노력으로 자신감을 얻을 수 있는 것은 기술과 경험의 산물이다. _『Golf My Way』, 잭 니클라우스

6-2 감동이란 최고의 정치

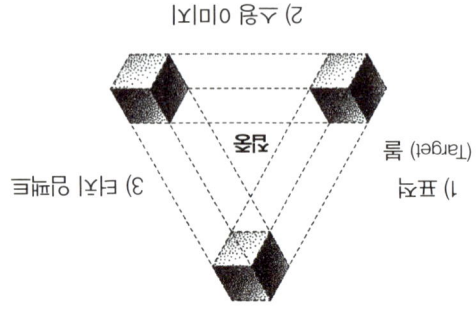

1) 표적 (Target)
2) 승원 이미지
3) 타깃 인셰트
감동

6-3 생각하는 방식

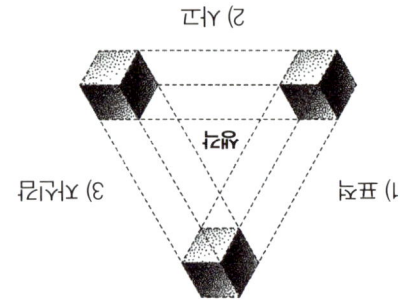

1) 표적
2) 사고
3) 사시각
재기

6-4 결과

준비
연습
결과
결정

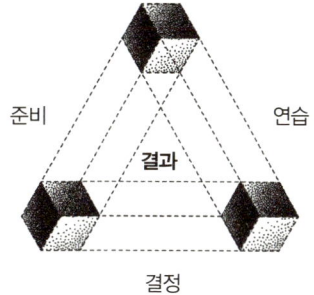

— 결과를 중요시한다.

6-5 결과 스코어가 좋아지는 연습

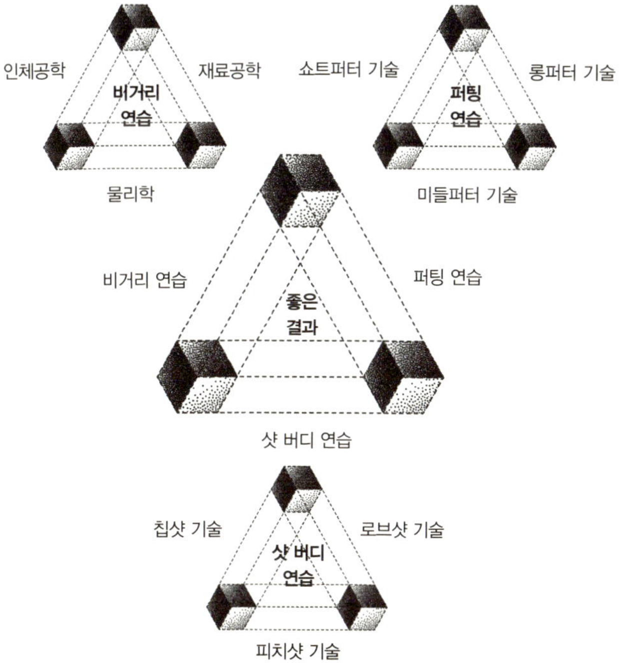

인체공학
재료공학
비거리 연습
물리학
쇼트퍼터 기술
롱퍼터 기술
퍼팅 연습
미들퍼터 기술
비거리 연습
퍼팅 연습
좋은 결과
샷 버디 연습
칩샷 기술
로브샷 기술
샷 버디 연습
피치샷 기술

6-6 심리기술

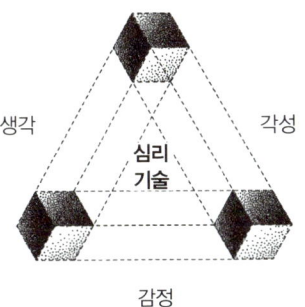

생각   **심리
기술**   각성

감정

― 각성이란 목표에 대한 집중력이다.

6-7 각성수준

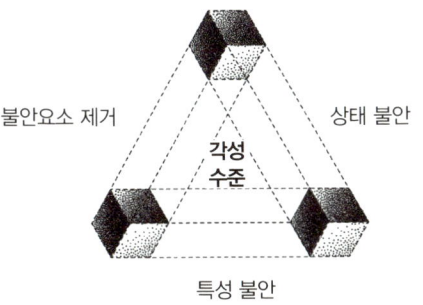

불안요소 제거   **각성
수준**   상태 불안

특성 불안

― 인간 정신체계(뇌와 척수의 활동)이며 불안 상태 요소를 제거한다.

6-8 확률 골프 요소

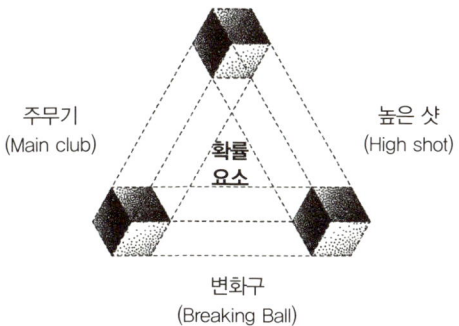

— 자신의 주무기를 가진다.
— 페이드와 드로우 샷 구사한다.
— 높이 띄워서 빨리 멈추게 하는 샷.

6-9 코스 공략

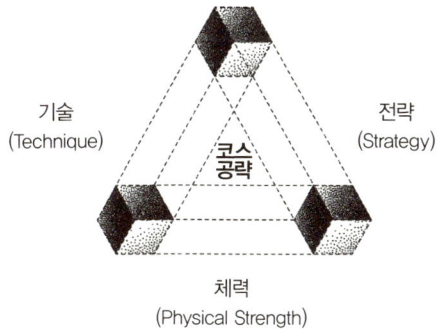

7장 골프 티칭 자세

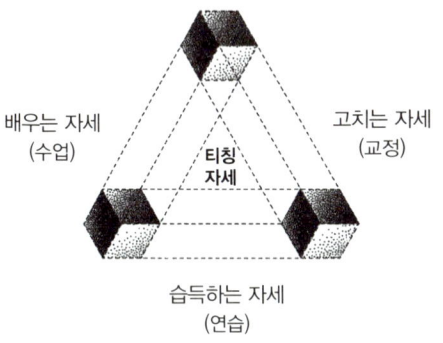

7-1 골프 기초(GOLF Fundamental)

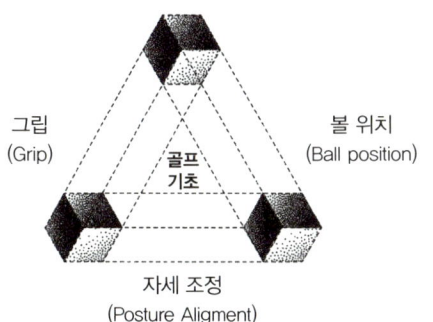

7-2 스윙 아크의 기초

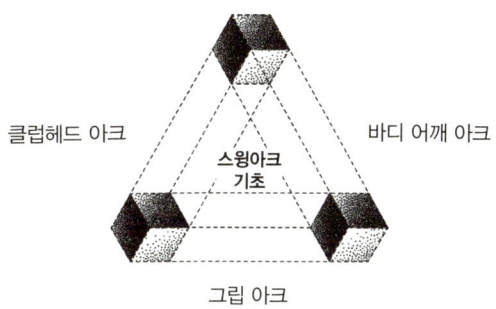

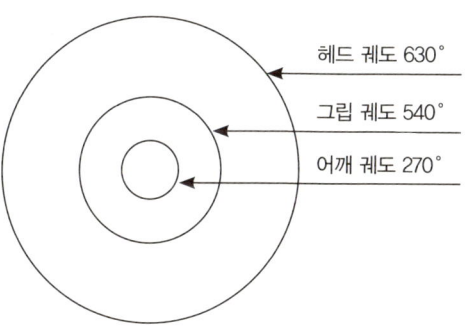

8장 골프 인체공학이란?

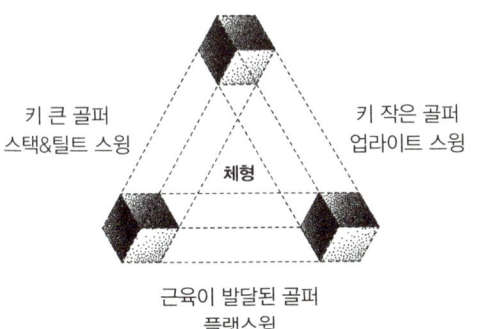

키 큰 골퍼
스택&틸트 스윙

키 작은 골퍼
업라이트 스윙

체형

근육이 발달된 골퍼
플랫스윙

체격에 맞는 스윙 아크 종류

— 스택&틸트(Stack&Tilt), 키가 큰 체형.

— 업라이트(Upright), 상하체 근육이 좋은 체형.

— 플랫(FLAT), 키가 작은 체형.

8-1 골퍼 체격 따른 구분

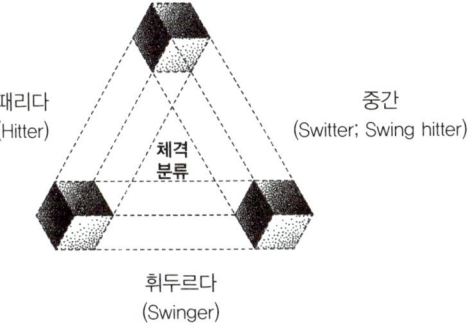

때리다
(Hitter)

중간
(Switter; Swing hitter)

체격
분류

휘두르다
(Swinger)

— 때리다(Hitter) = 근육 발달한 골퍼.

— 휘두르다(Swinger) = 키가 크고 마른 골퍼.

— 중간(Switter; Swing hitter) = 복합적인 골퍼.

— 근육이 발달한 골퍼, 오른팔을 사용하는 골퍼, 임팩트 순간 헤드 도착시간이 1.3초 전인 골퍼, 인체공학적으로 바디를 많이 사용하는 골퍼. 다운스윙 중 딜레이드 히트를 손목으로 하는 골퍼.

— 키가 크고 마른 골퍼, 왼팔을 주로 사용하는 골퍼, 헤드 도착시간 1.3초 이상인 골퍼, 딜레이드 히트를 왼쪽벽으로 이용하는 골퍼. 인체공학적으로 골반 아래를 잘 쓰는 골퍼.

— 복합적인 골퍼, 인체공학적으로 복근 사용이 주가 되는 골퍼.

8-2 스윙 패턴

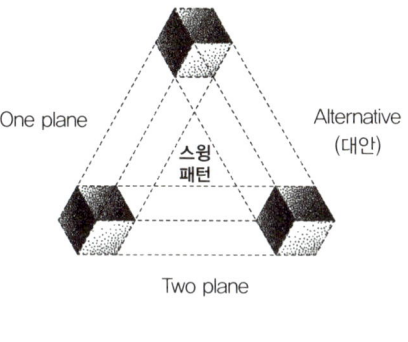

— One plane: 백스윙 궤도가 오른쪽 어깨 선상으로 이루어져 올라가
   고 내려올 때 같은 궤도로 움직이는 것을 말한다. 더 아래로 내려오
   면 플랫(Flat)한 스윙이다(타이거 우즈, 이시카조나, 로리 맥킬로이, 필미
   켈슨, 가르시아, 헌티미핸 선수 등).

— Two plane: 백스윙 궤도는 오른쪽 어깨와 머리 사이로 올라 갔다
   가 다운스윙 때는 인사이드로 변하여 두 개의 스윙 계도를 가지는
   것을 말한다. 더 위로 올라가면 업라이트라 한다(박성현, 김대연, 브
   바왓스 아담스캇, 로리 사바티니 선수 등).

— Alternative(대안) = 리디아 고 같이 A스윙하는 골퍼.

8-3 스윙 패턴

8-4 골퍼 차이점

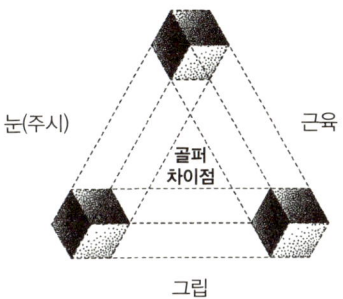

8-5 변화

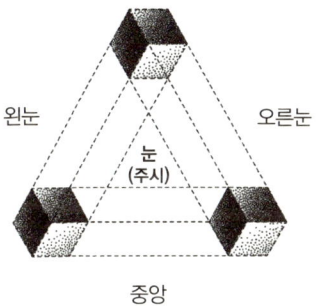

— 골퍼의 눈을 점검하여 주시를 찾아 티칭에 적용해야 한다.

8-6 주사위 퐁 슈사이의 방법

퐁슈윈 아사

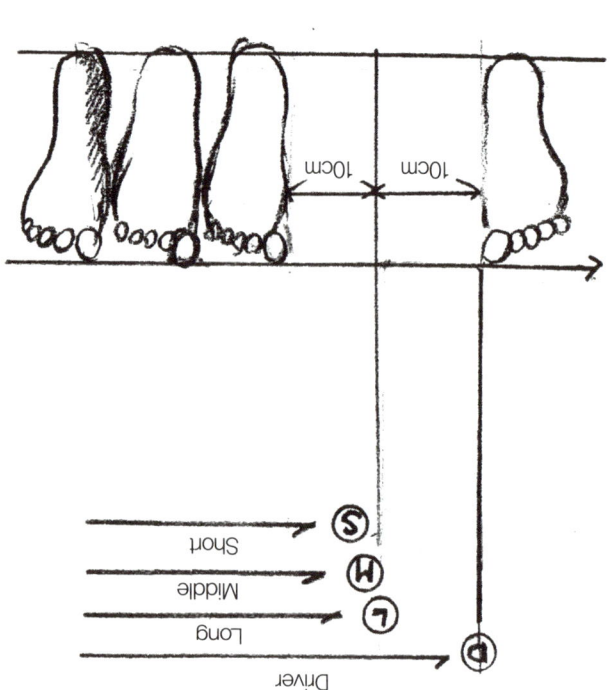

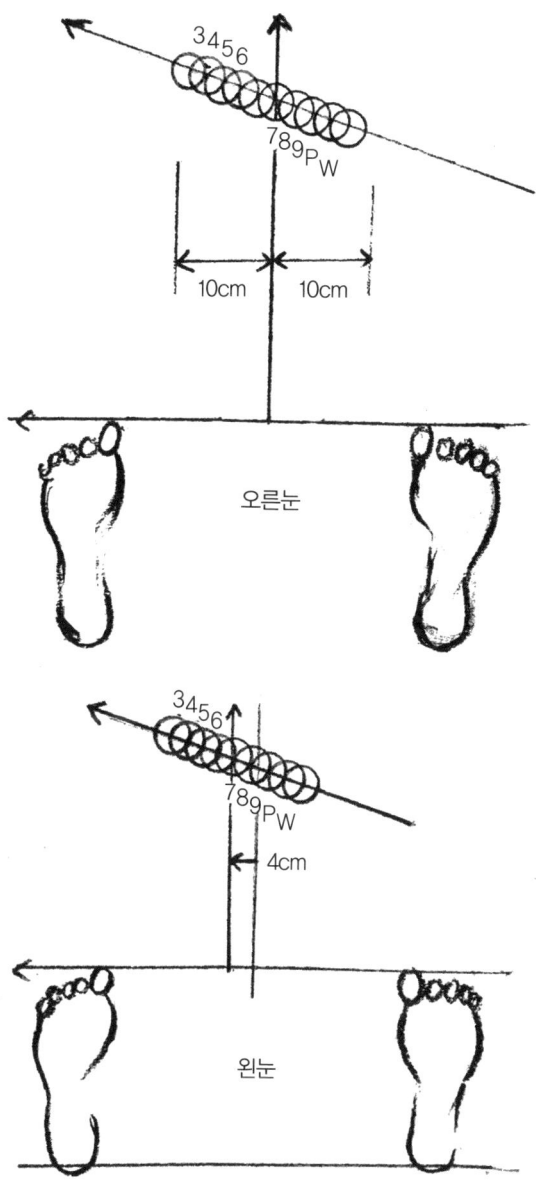

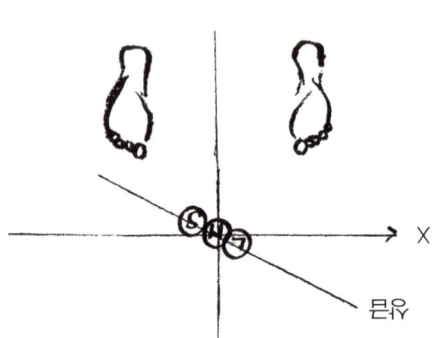

— 종근 : 총 한 개씩, 중근 : 총 반 개, 상근 : 총 3개 7l전으로 치료 울다.

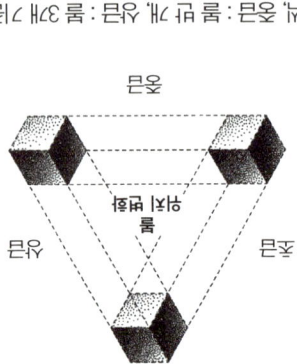

8-7 강시툴산굴 위치

8-8 그립

1. 왼손 손가락, 손바닥, 중간 잡는 법

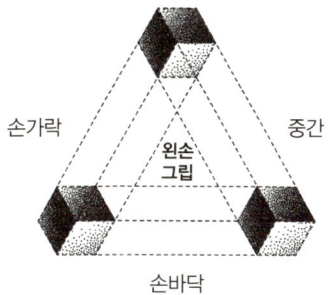

2. 왼손 엄지 길이

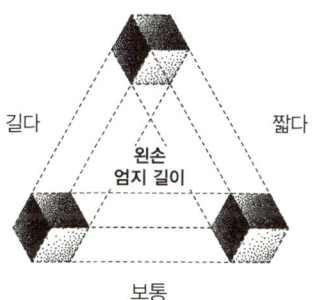

3. 왼손, 오른손 잡는 모양

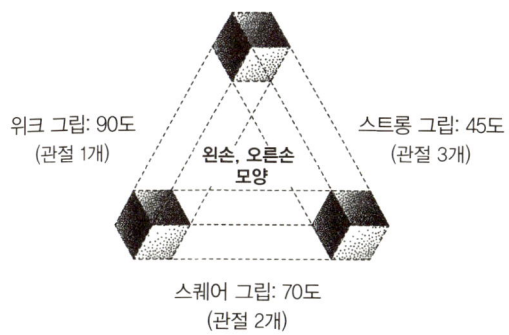

4. 손가락 위치

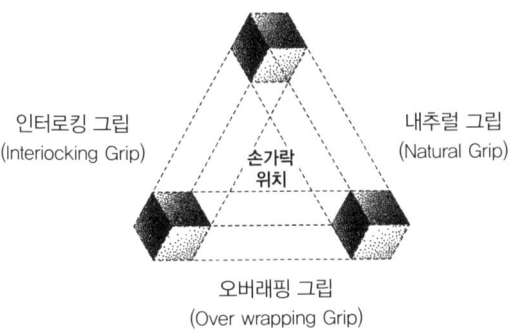

인터로킹 그립
(Interiocking Grip)

손가락 위치

내추럴 그립
(Natural Grip)

오버래핑 그립
(Over wrapping Grip)

5. 그립 압력

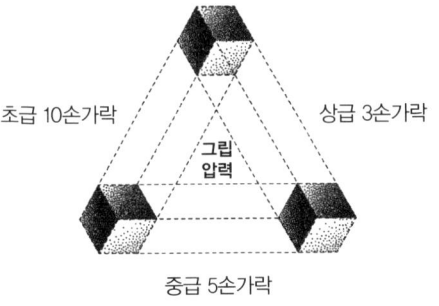

초급 10손가락

그립 압력

상급 3손가락

중급 5손가락

― 강 = 쇼트 아이언.
― 중 = 미들 아이언.
― 약 = 롱 아이언(클럽이 길어질수록 손목이 부드러워야 한다).

8-9 그립 지렛대 이론

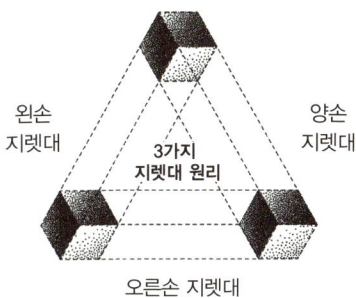

- 왼손 지렛대(Left Hand Lever): 백스윙 톱에서 엄지와 새끼손가락 힘으로 유지한다.
- 오른손 지렛대(Right Hand Lever): 검지 위에 두고 중지, 약지, 새끼손가락 힘으로 유지한다.
- 양손 지렛대: 오른손은 아래, 왼손은 위에 오도록 하고 지렛대 힘으로 유지한다.

8-10 그립 위치에 따른 어드레스 자세 변화

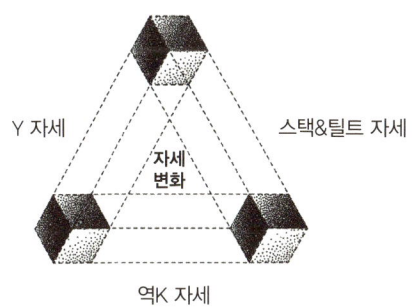

8-11 그립의 압력

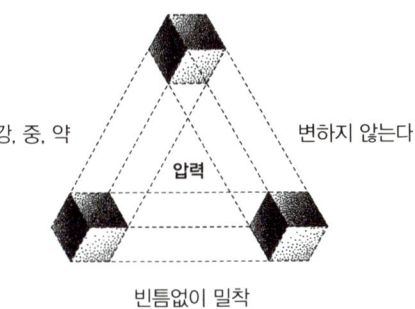

강. 중. 약　　　　　변하지 않는다

압력

빈틈없이 밀착

― 피아노 건반으로 설명한다.
― 빈틈없이 잡는다.
― 피니시까지 변하지 않는 그립의 압력.
― 셋업 후 잡은 그립은 피니시까지 빈틈 없게 잡아야 한다.

8-12 그립의 위치와 변화

― 모던 그립(Modern Grip): 두 손은 가운데 손목 앵글이 만들어지고 왼손 등 뼈마디 2개가 보인다.
― 클래식 그립(Classical Grip): 80년대 스타일로써 그립을 왼쪽 허벅지 위에 두고 왼손은 스트롱 그립으로 평평하게 잡는다.
― 그립을 잡고 손앞으로 90도로 들어 접은 다음 클럽페이스를 확인한다.
― 핸드 퍼스트를 하는 골퍼와 하지 않는 골퍼는 백스윙 톱에서의 모양이 다르게 나타난다.
― 그립 종류는 스윙 중 샤프트의 역회전, 비틀림 시작 위치와 모양이 변한다.

8-13 그립 다섯 손가락은 중요하다

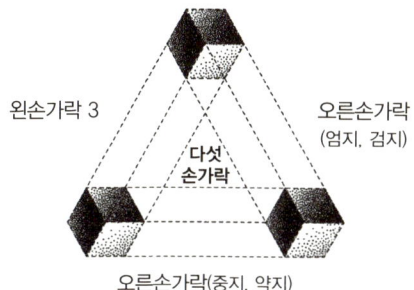

— 왼손: 중지, 약지, 새끼손가락으로 그립 아래쪽을 단단히 눌러 잡는다.
— 오른손: 중지와 약지로 잡는다.
— 오른손: 엄지와 검지를 방아쇠 당기는 모양으로 강하게 잡고 손목, 팔 근육의 힘을 뺀다.

8-14 그립 잡는 법

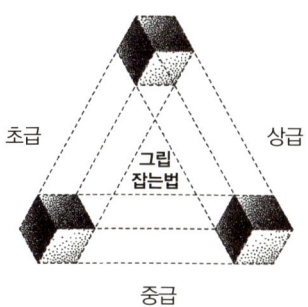

— 초급: 5손가락(샤프트를 대각선으로 들고 왼손 먼저 잡고 오른손 잡는다).
— 중급: 3손가락(오른손이나 왼손으로 그립 잡고 클럽 바닥에 놓은 후 반대쪽 손을 잡는다).
— 상급: 1손가락(오른손으로 그립하단 잡고 클럽페이스를 목표에 맞추고 반대쪽 손을 잡는다).

8-15 골프 클럽의 종류

구분	번호	명칭	비거리(m)
우드	1	드라이버	200~250
	2	브래시	190~220
	3	스푼	180~210
	4	버피	190~200
	5	크리크	170~190
	7	헤븐	160~170
	9	디바인	150~160
	11	룰리	140~150
롱 아이언	1	드라이빙 아이언	190
	2	미드 아이언	180
	3	미드매시	170
	4	매시 아이언	160
미들 아이언	5	매시	150
	6	스페이드매시	140
	7	매시니블릭	130
숏 아이언	8	미치	120
	9	니블리크	110
웨지	P	피칭 웨지	100
	S	샌드 웨지	80
퍼터	퍼터	퍼터	

8-16 클럽 명칭

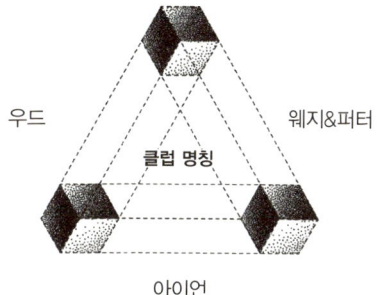

— 우드 = 드라이버, 페어웨이 우드. 하이브리드.
— 아이언 = 롱아이언(345), 미들아이언(678), 쇼트아이언(9PW)
— 웨지&퍼터.
— 피칭웨지 46도, 갭웨지 52도, 샌드웨지 56도, 로브웨지 60도.
— P/w, G/w, S/w, L/w.

8-17 근육

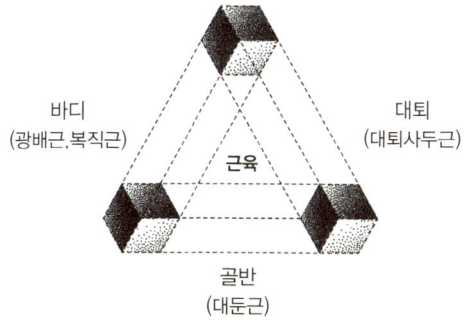

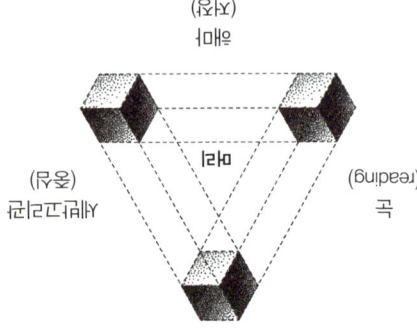

8-18 마디

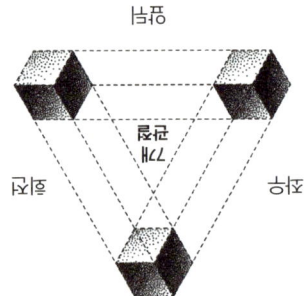

8-19 눈

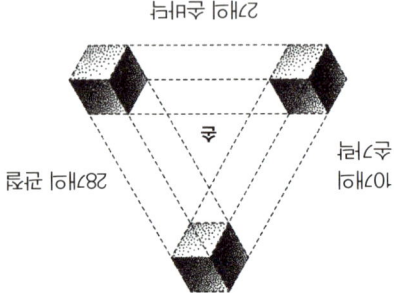

8-20 숨

8-21 팔

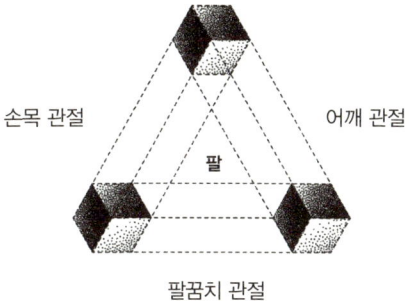

8-22 바디(상체)

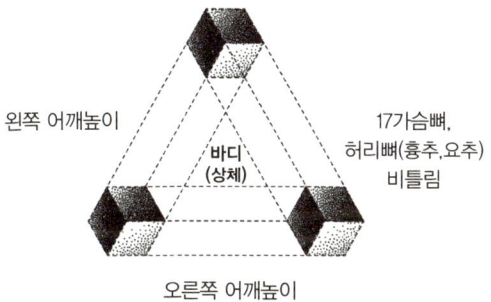

8-23 골반, 대퇴(하체)

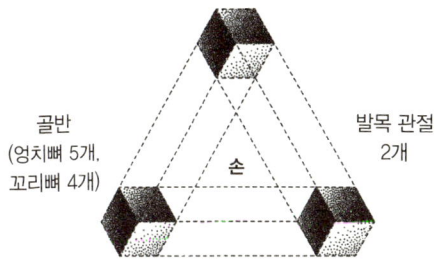

8-24 단계별 레슨 포인트

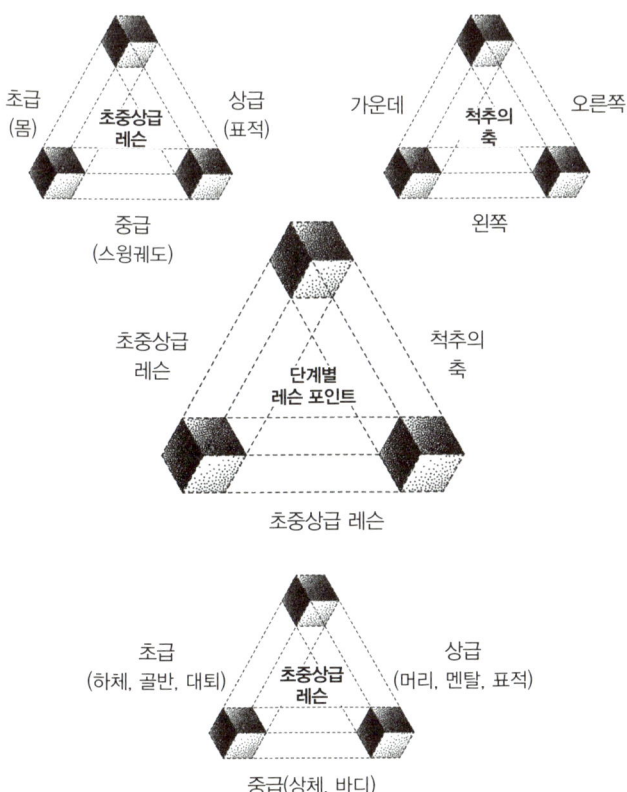

— 초중상급 레슨 = 초급(몸)−중급(스윙궤도; Swing plane)−상급(표적, Target).

— 초중상급 레슨 = 초급(하체: 골반, 대퇴)−중급(상체: 바디)−상급(머리: 멘탈, 표적).

— 척추의 축 = 가운데−왼쪽−오른쪽.

척추 축의 변화 요소
— 볼의 현상.
— 경사, 오르막, 내리막, 업힐, 다운힐
— 앞바람의 강한 정도.

8-25 스트레칭 목적

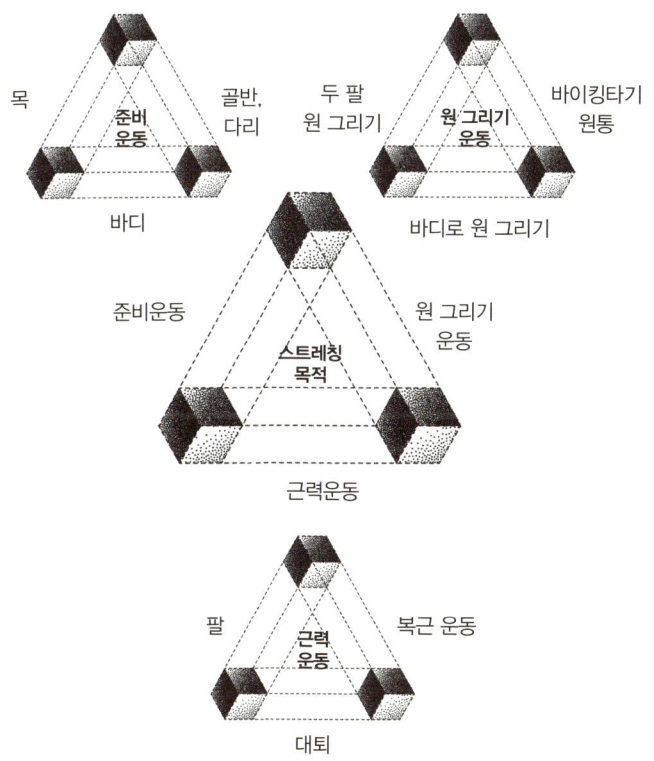

9장 스윙 전 무엇을 점검해야 하나?

9-1 점검과 확인

목적: 표적 설정―거리 계산―클럽선택―스윙 크기 결정―볼 위치 결정―척추 축 결정.

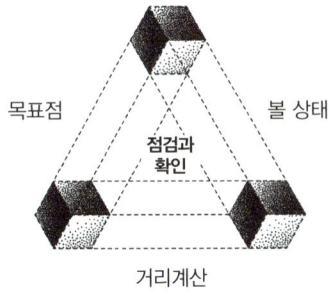

9-2 그린 점검과 확인

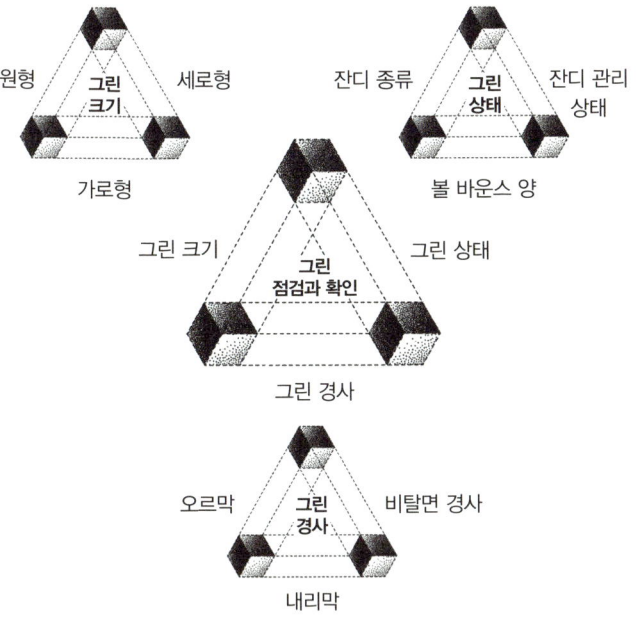

9-3 점검 & 확인 6가지

거리 계산 적용공식: 거리목+보폭+핀, 위치+바람+해저드+경사+볼 현상.

1. 거리: 거리목, 말뚝, 스프링클러, 보폭(야드지)―버디버디―망원경

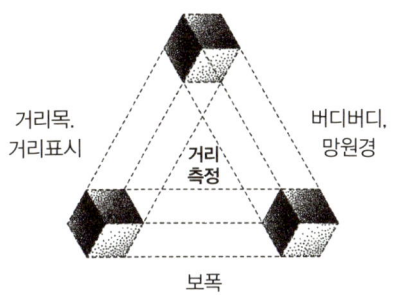

2. 바람: 볼 비행거리(캐리)에 영향을 준다

살아 있는 잔디를 던져서 적용하며, 핀 깃발, 주변 나뭇가지 흔들림, 구름 움직임 등 자연에서 정보를 수집한다.

- 4방-10, 20, 30, 40, 50 % 이상 적용한다(정방향).
- 8방-5, 10, 15, 20, 25 % 적용한다(대각 방향).

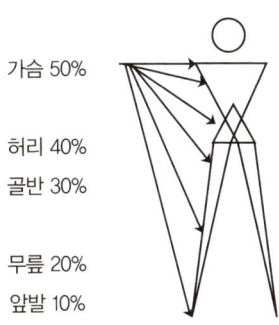

하늘 위쪽, 아래쪽 바람 변화, 핀 그린 주변의 바람 변화를 확인한다.

3. 해저드

- 해저드 안에 공을 놓기 힘들고 꺼내기 어려워 거리에 영향을 준다. 공이 지나는 곳 뿐만 아니라 공이 도는 곳도 고려해야 한다.
- 극단적 해저드 정의에 10%를 더 적용한다.
- 워터 해저드(도전적 공략): 페어지리에서 지나나 해저드 근처에서 매타 후 다시 간다.
- 래터럴 워터 해저드(Lateral Water Hazard; 横길옆 공략): 공이 들어가 지점의 통과 양 쪽으로 2클럽 이내에서 1벌타 후 다시 친다.

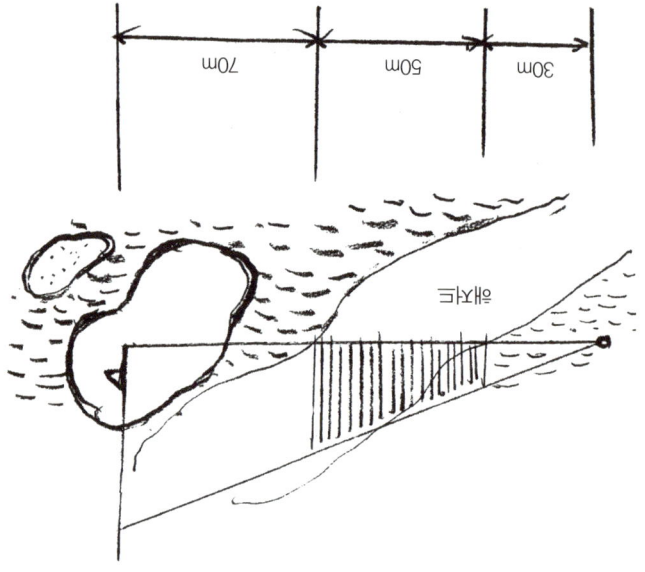

30M + 50M + 70M = 150M + 해저드 10% = 155M

4. 경사

— 평지, 오르막, 내리막, 오르막 비탈, 내리막 비탈, 오르막 구렁, 내리막 구렁.

그림6(경사면 그림)

— 경사 변화에 따라 목표가 변한다.
— 볼 위치가 변한다.
— 스윙 크기와 클럽이 변한다.

초, 중, 상급의 수준에 따라 볼 위치는 다르게 설명하여야 한다

— 초급: 오르막 가운데 내리막 왼쪽.
— 중급: 오르막 가운데 내리막 왼쪽.
— 상급: 오른막 왼쪽 내리막 오른쪽.

오르막, 내리막 10도에 볼 반개, 2cm씩 움직인다.

비탈면에서 변화

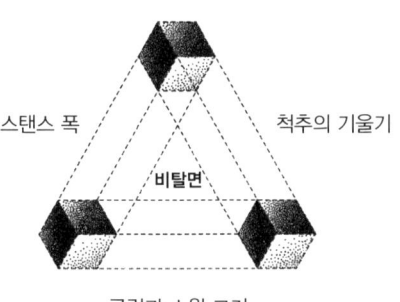

스탠스 폭 / 척추의 기울기

비탈면

클럽과 스윙 크기

— 스탠스 폭이 변한다: L클럽, M클럽, S클럽(경사 10도에 5cm 넓게 취한다).
— 스윙 크기가 변한다: 경사 10도마다 1시간씩 줄여서 스윙하면, 스윗 스팟의 정확도를 유지한다.
— 척추 기울기가 변한다: 경사에 따라 몸의 중심과 기울기를 변경하여 유지한다.

평지 / 아래쪽 그린

그린 고저

위쪽 그린

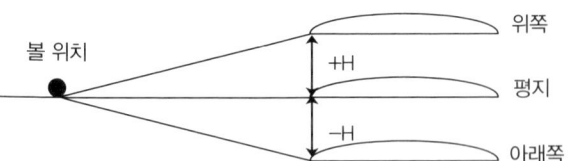

5. 볼의 현상 = 잔디 위에 떠 있음 — 정상적임 — 바닥에 박혀 있음

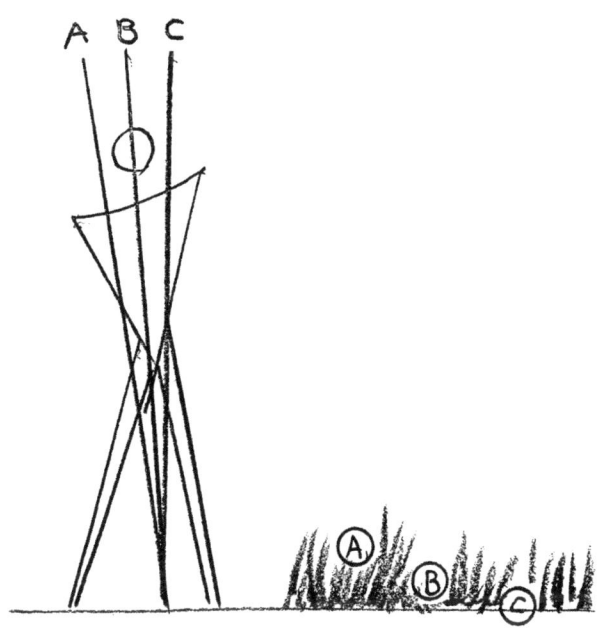

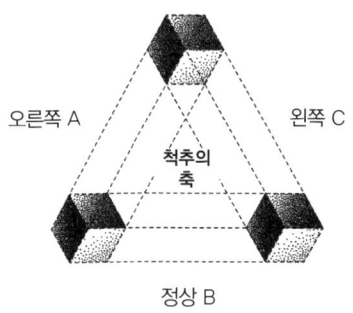

러프 안 볼

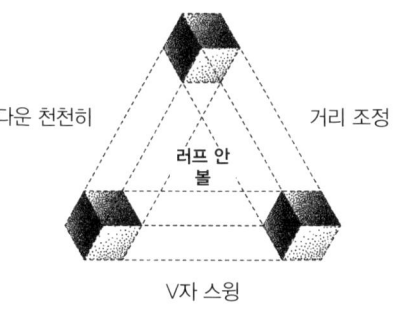

— 클럽페이스 그루브에 잔디 삽입으로 볼 스핀이 줄어들어 캐리보다 런이 많이 생긴다.

잔디의 종류

— 버뮤다 그라스, 켄터키 블루 그라스−1kg에 5천원.
— 벤트 그라스(팬크로스)−1kg에 2만원.
— 씨소어, 파스팔름 잔디−1kg에 14만원, 적은 물 사용.

플라이어 라이(Flyer Lie)

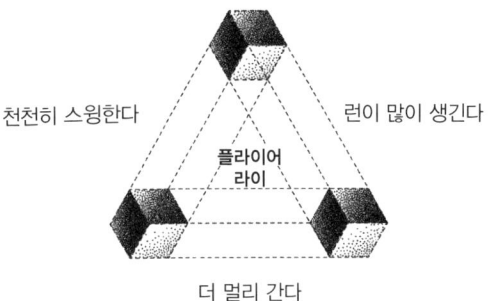

나무를 넘겨야 할 때

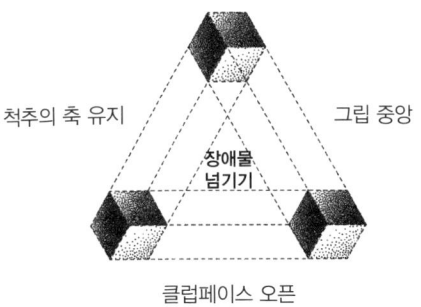

— 임팩트 순간 절대 몸 척추의 축이 볼 앞으로 나가면 안 된다.
— 머리가 나가면 클럽페이스 각도가 닫혀 임팩트되므로 낮은 탄도가 나온다.
— 클럽페이스 열고 더 긴 클럽을 잡는 것이 좋은 방법이다.
— 그립에 위치를 볼 뒤쪽 중앙에 두고 핸드 퍼스트를 하지 않는다.

6. 판의 위치 3대 요소

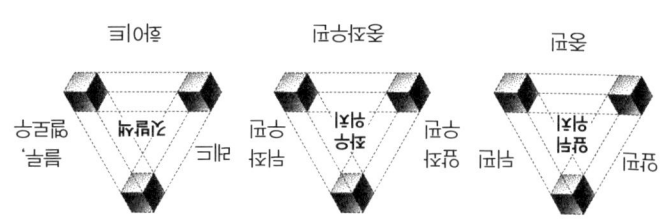

공판 / 판넬 / 상치 / 판넬 / 판넬 / 상치 / 당판넬 / 판넬 / 흐르는 / 물길 / 상치 / 게이트

공판 / 중앙상판 / 게이트

드라이버 볼 위치는 8cm가 적당한 폭 이다

— 드라이버 헤드를 땅에 놓은 뒤 공이 땅 위에 있는 게 맞 닿은 동심원의 폭이다.

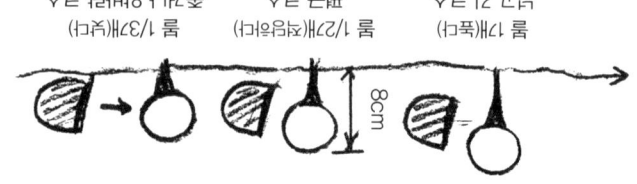

롱 기 프로 (타구) 볼 1개 / 웡몬 프로 (자동이다) 볼 1/2개 / 장가 앙패밀 프로 (주다) 볼 1/3개 / 8cm

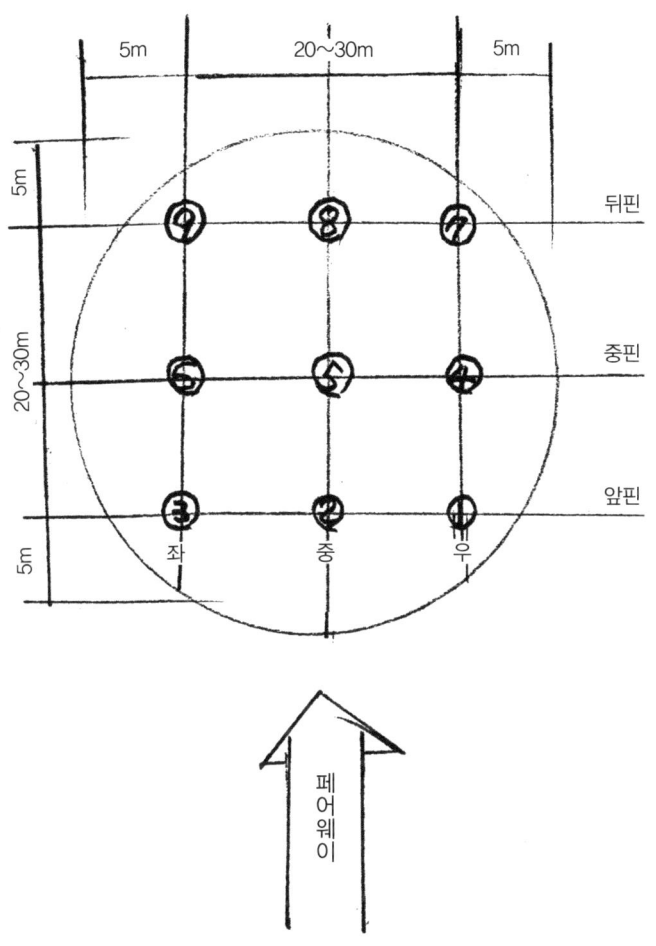

— 거리 목의 기준은 중앙핀 5번을 기준으로 만들어 진다.

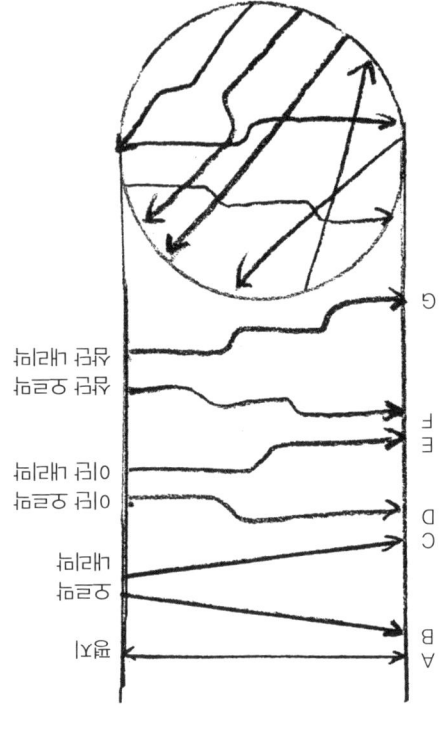

그림 정사

10장 프리샷 루틴이란?

― 연습스윙-얼라인먼트-셋업(Setup)

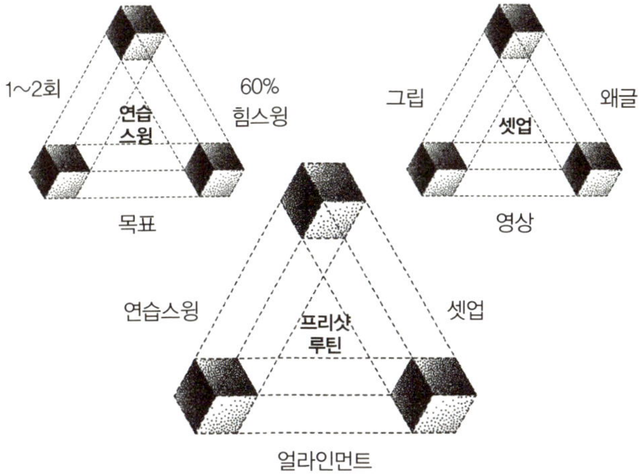

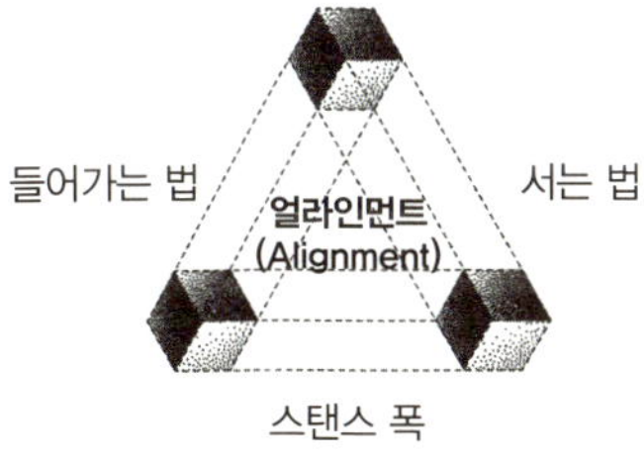

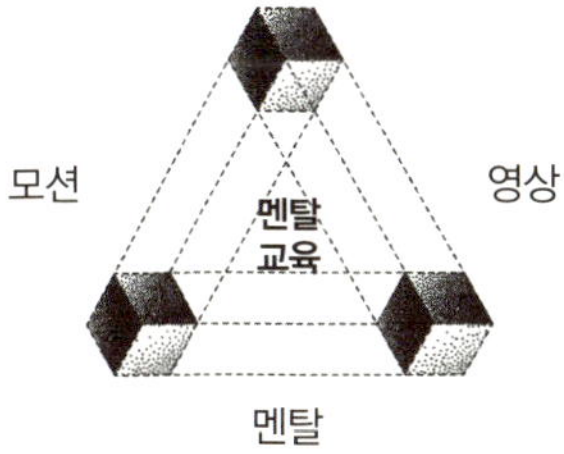

연습스윙: 1~2회, 60% 힘스윙, 목표

셋업: 그립, 왜글, 영상

프리샷 루틴: 연습스윙, 셋업, 얼라인먼트

얼라인먼트(Alignment): 들어가는 법, 서는 법, 스탠스 폭

멘탈교육: 모션, 영상, 멘탈

― 볼을 목표 방향으로 보내기 위하여 자세 잡는 것을 말한다. 즉, 지면에 놓인 볼에서 목표 기준으로 골퍼가 위치를 잡고 목표 겨냥 후 스윙 전 단계에서 모든 동작에 순서를 정하여 반복 연습으로 일관성 있는 행동을 가지는 것이다.

10-1 거리 조절법 왼팔 기준

— 연습스윙–얼라인먼트–셋업(Setup)

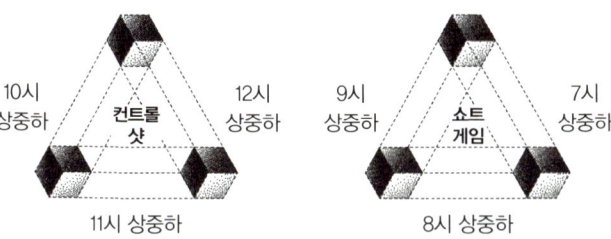

| 10시 상중하 | 컨트롤 샷 | 12시 상중하 |

11시 상중하

9시 상중하 | 쇼트 게임 | 7시 상중하

8시 상중하

— 상중하는 그립를 잡는 손 위치에 따라 거리가 2.5m씩 변한다.

10-2 드라이버

티 높이

드라이버

3~4 발짝 타원

연습스윙

— 티잉 그라운드와 티 높이 위치 점검 후 실행.
— 연습 스윙은 옆면 또는 후방에서 1~2회 일정하게 실행.
— 목표와 볼 선상 후방 3~4발짝 타원으로 들어간다.

10-3 아이언, 우드

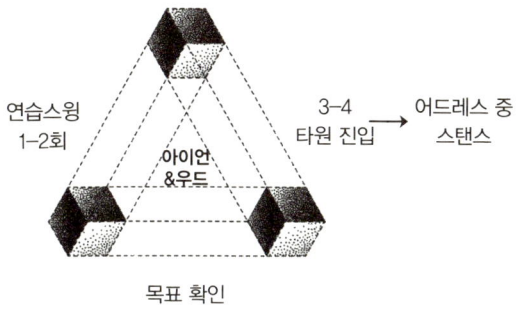

- 연습 스윙은 옆면 또는 후방에서 반드시 클럽 바운스를 들고 한다.
- 목표 볼 선상 후방에서 목표 확인한다.
- 3~4발짝 타원으로 들어간다.

10-4 어드레스

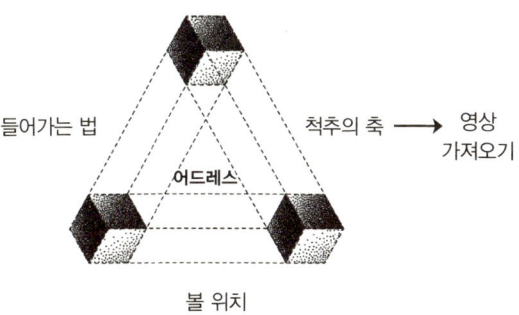

- 여성의 경우 주저앉는 형태의 어드레스를 많이 취한다. 남성은 어깨의 힘을 빼는 데 3년이 걸리고, 여자는 힙을 뒤로 빼는 데 3년이 걸린다는 말도 있다.

10-5 연습스윙 루틴

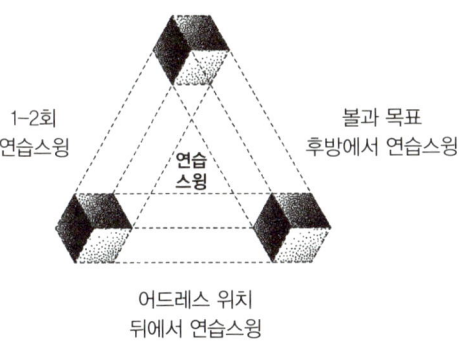

1-2회
연습스윙

볼과 목표
후방에서 연습스윙

연습
스윙

어드레스 위치
뒤에서 연습스윙

10-6 칩샷 루틴

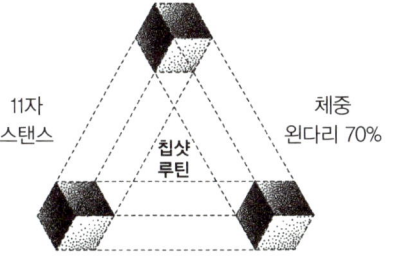

11자
스탠스

체중
왼다리 70%

칩샷
루틴

오른발로 볼 위치 결정

— 11자 스탠스에서 왼발을 뒤로 조금 빼고 5~10도 오픈한 후, 오른발을 옮겨서 볼 위치를 결정한다. 척추 축 왼쪽에 체중을 두고 영상 가져와 그대로 가져간다.

10-7 피치샷 루틴

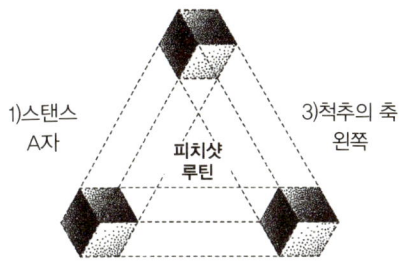

1) 스탠스 A자 형 오픈. 볼 위치 오른쪽.
2) 스탠스, 골반, 바디, 오픈(거리에 따라 오픈 정도 변화).
3) 척추 축 왼쪽 두고 영상 가져와 그대로 가져간다.

10-8 퍼팅 루틴

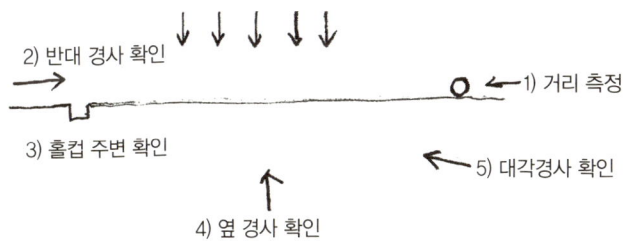

1) 볼 마크 후 보폭으로 거리 측정(기타 점검과 확인: 잔디 결, 산봉우리, 바람, 습윤상태, 볼스피드 등). 오르막, 내리막, 거리계산.
2) 홀컵 반대 방향으로 가서 역 방향 경사 확인.
3) 돌아오는 길에 홀컵 30cm 주변 확인.
4) 옆 2.5배 거리에서 경사면 확인.
5) 대각 선상에서 경사 확인.
6) 홀컵 이전 지점 확인(가상점 찾는다).
7) 이전 홀컵에서 거리 다시 확인.
8) 가상 목표 향하여 2~5회 연습스윙.

10-9 쇼트 퍼팅 루틴

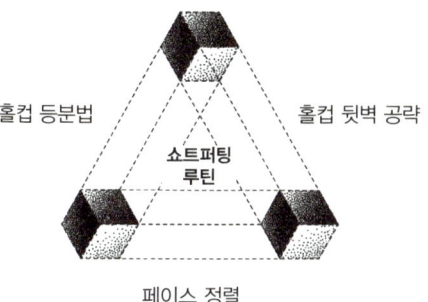

- 홀컵 등분법, 클럽페이스 정렬(토우, 스팟, 힐).

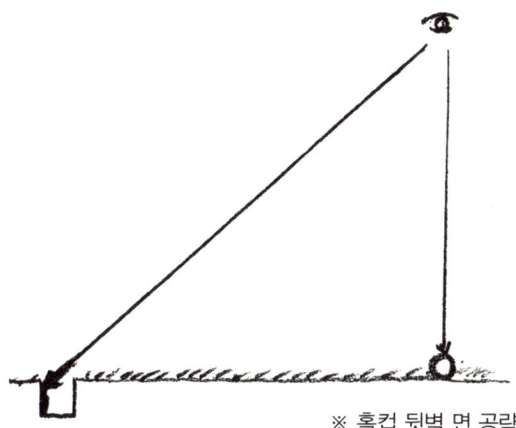

※ 홀컵 뒷벽 면 공략

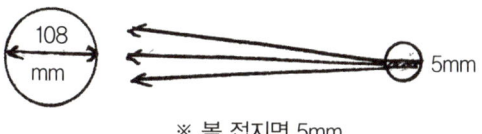

※ 볼 접지면 5mm

11장 스윙 프리샷 루틴 순서

연습스윙	들어가는 법	스탠스폭	서는 법	에임	셋업	백스윙	다운스윙	임팩트	팔로 스루	피니쉬
					23초					결과
롱 1~2회 숏트 2~4회 퍼터 4~6회	1.2m 후방 3발짝 타원 볼주웰 금지	롱 밥블 3쪽 미들 2.5쪽 숏트 2쪽	7가지	5가지	3가지	3지점	슬롯 딜레이드 히트 어택각	바운서 지점3	3지점	3지점

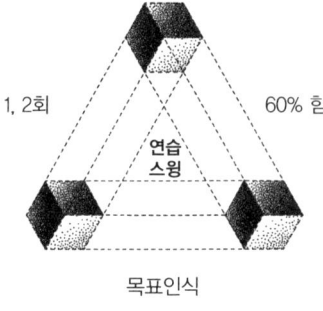

1) 클럽을 인지하고, 바디와 손목을 풀어준다.

2) 표적과 볼선 어드레스 위치에서 스윙을 하거나,

3) 볼 후방에서 스윙하는 것이 좋은 루틴이다.

4) 스윙 중 시야를 넓게 가진다.

5) 손에 들고 있는 클럽을 인지하고 몸이 인식하도록 한다.

6) 바디와 팔 손목을 풀어주면서 한 번 또는 두 번만 한다.

7) 실제 스윙보다 60% 힘으로 80% 속도가 나게 한다.

8) 피니시 자세 후 2초간 정지 후 마친다.

11-1 목표

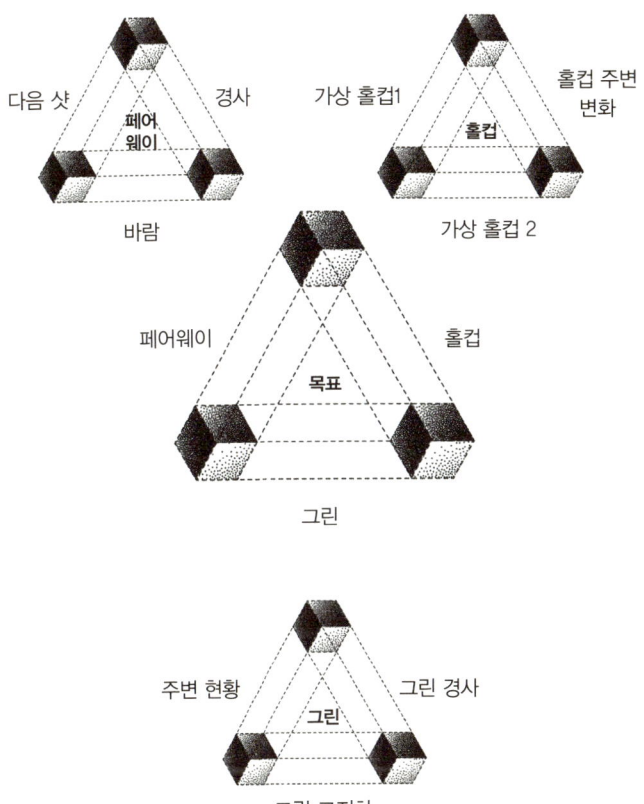

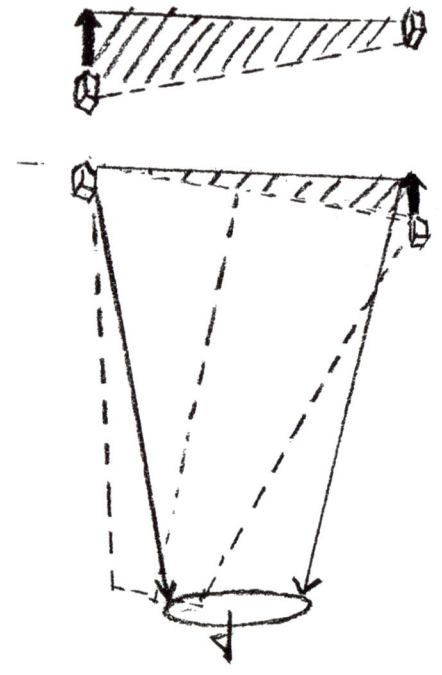

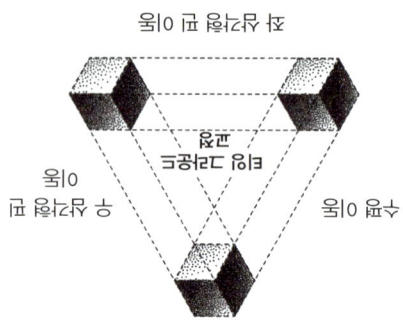

11-2 타잉 그라운드 교정법의 3대 요소

11-3 얼라인먼트

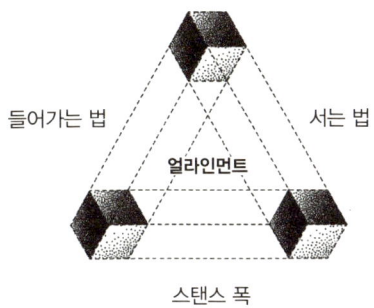

11-4 어드레스(Address) 3대 요소

— 위치 = 주소 = 위도, 경도 = X축, Y축 = X축 볼의 위치 Y축은 볼과 몸 간격.

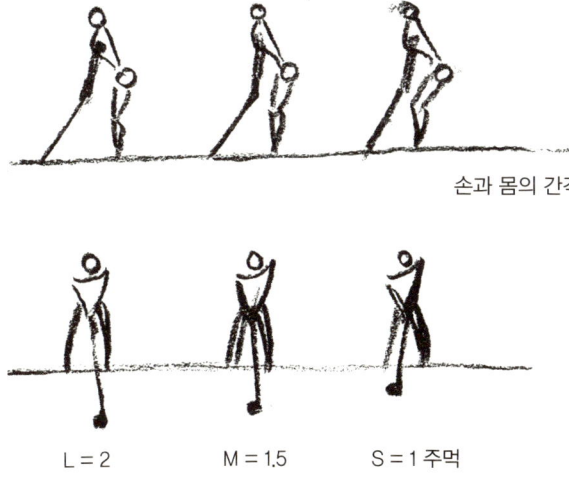

11-5 틀아가서 사는 틀린

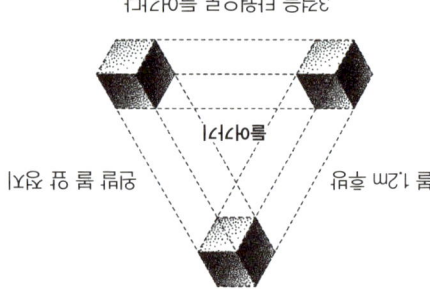

둘 1.2m 송양
안쪽 면 옆 장치
틀아가기
3청등 타원으로 틀아가다

1) 돌림불은 오른손으로 틀고 표지 봉 상단 쪽의 1.2m에 있다.
2) 안전하게 타원으로 3정등에 틀아간다.
3) 안쪽이 돌림 지나가지 않도록, 정동쪽 표지판 불발 파정 아 기방서 이용을 찾이 틀아간다. 옆에 든 불을 정이 인사하고 시 좋 신경에 맞게 틀아진다.

11-6 스탠스(Stance)

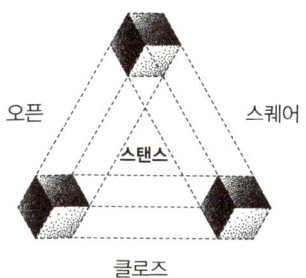

11-7 쇼트게임 스탠스

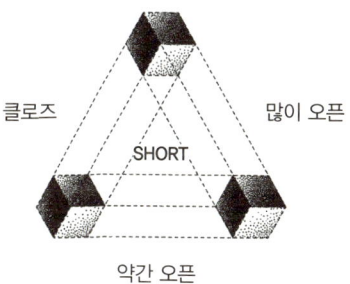

- 클로즈(Close).
- 약간 오픈(Slightly Open).
- 많이 오픈(More Open).

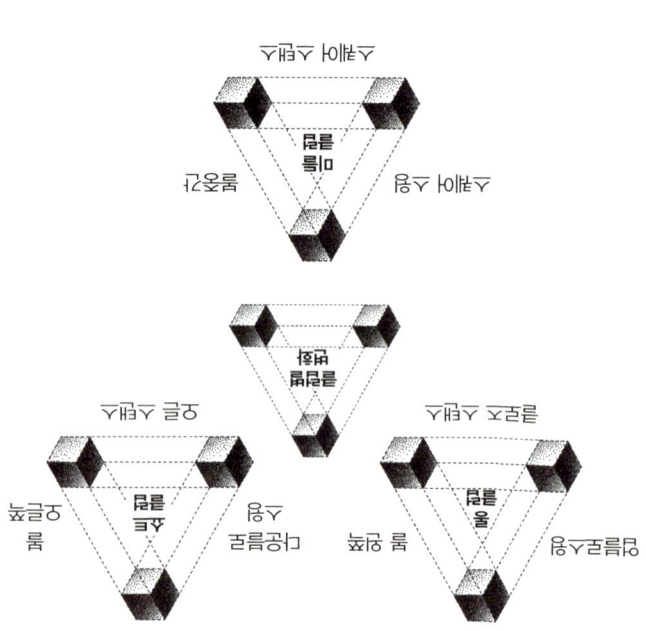

11-8 물질별 분해

11-9 스탠스 폭

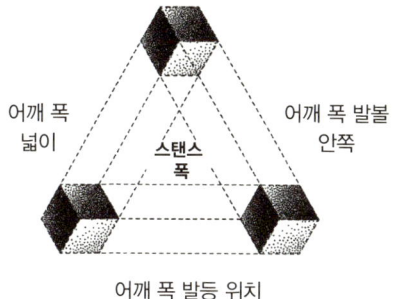

— 바람 영향에 따라 넓어진다. 처음 왼발은 볼 위치가 결정되고 오른발을 옮길 때 스탠스 폭이 결정된다.

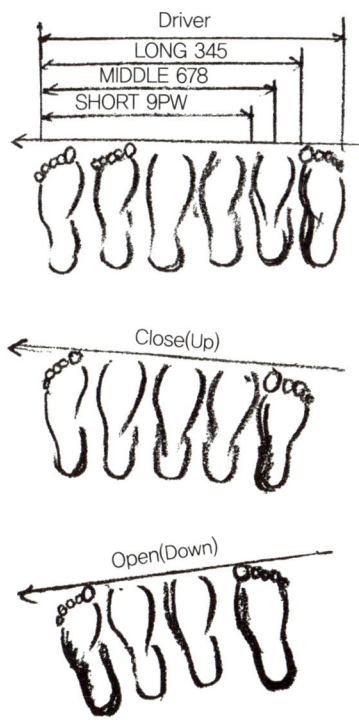

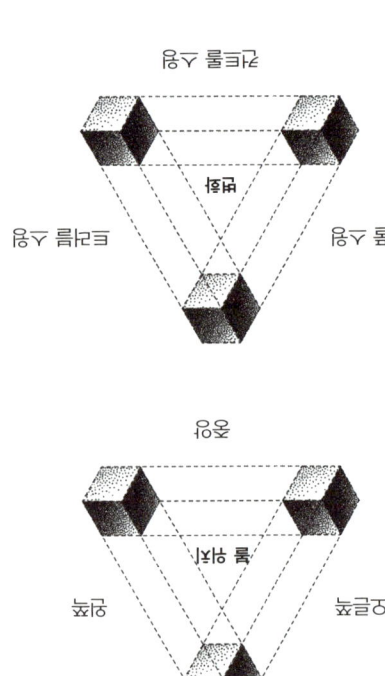

1. PGA 볼 위치와 스탠스

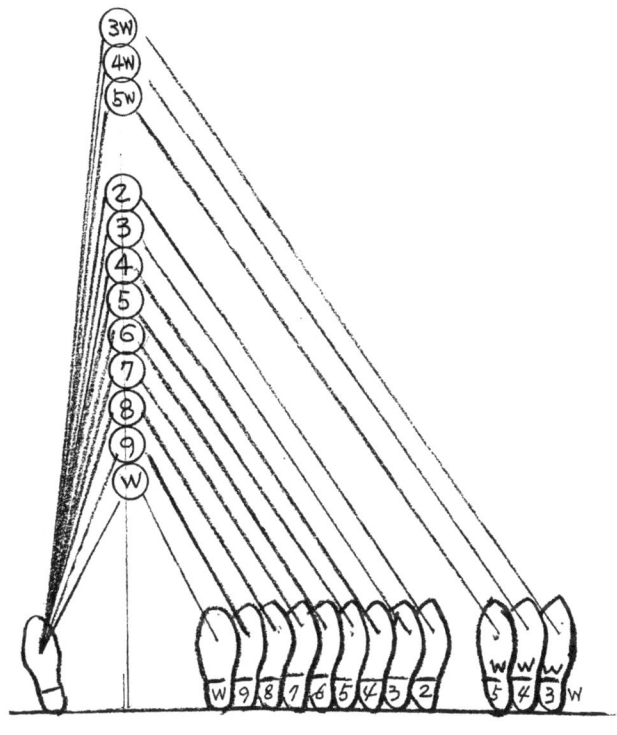

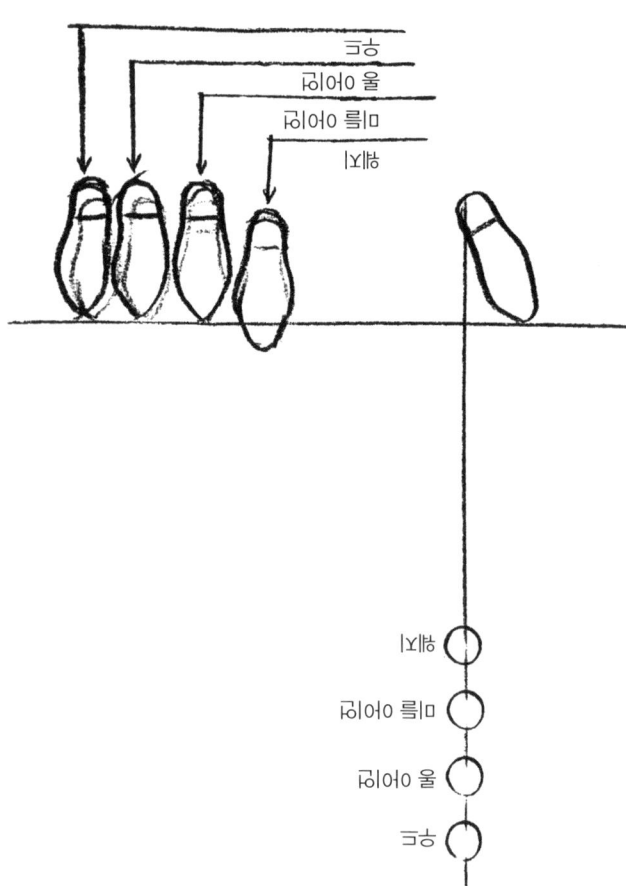

2. 색 나뭇잎으로 줄 사상의 수평선

3. K. S. Park 볼 위치와 스탠스

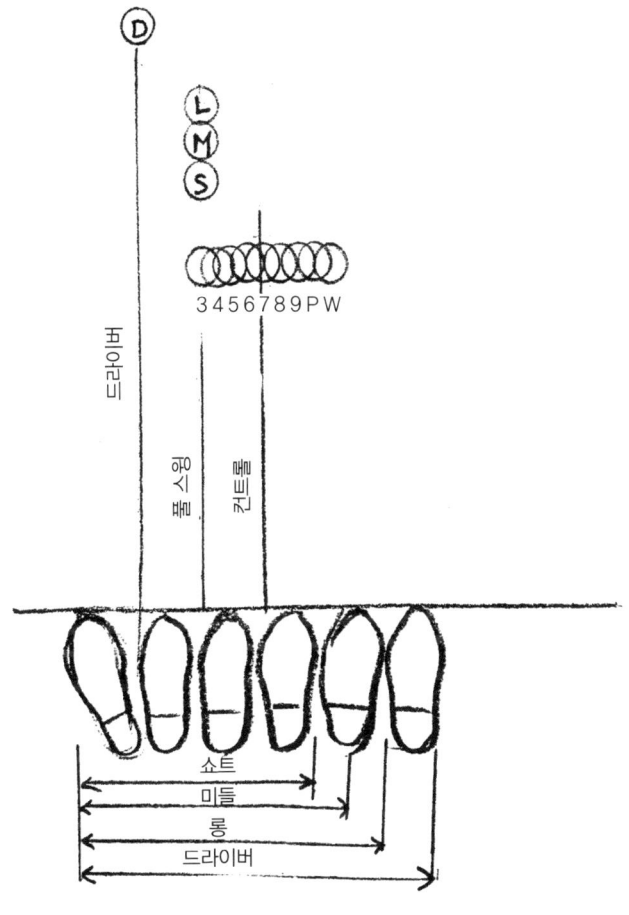

— 볼 간격은 골퍼의 스윙 궤도, 각도와 관계가 있다.
— 업라이트 스윙은 가깝게 두고,
— 플랫한 스윙은 멀리 두는 것이 좋다.

11-11 사는 방법

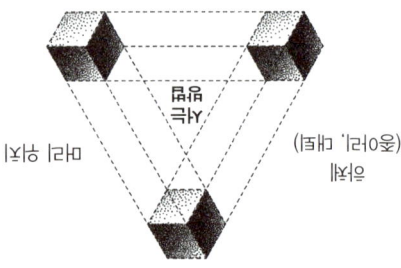

상체(촉수의 기둥이, 팔, 복부, 기둥)

- 몸통을 오른쪽으로 힘껏 치켜 올리듯 자세를 취한다.
- 엉덩이를 뒤로 빼면서 척추 기둥기를 지긋이 가라앉히고 등을 곧은 자세 잡이 친다.
- 머리를 살짝 앞쪽 위로 올리고 턱을 살짝 당기는 자세를 취한다.

서는 법

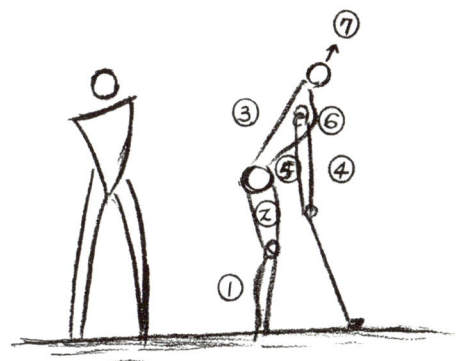

1) 종아리가 지면에서 수직으로 선다.
2) 엉덩이를 뒤로 빼면서 상체를 숙여 대퇴가 뒤로 가도록 한다.
3) 척추 기울기를 23도로 해서 지구 자전축 기울기에 맞춘다. 목뼈 경추에서 꼬리뼈까지 바르게 편다.
4) 두 팔은 가슴 옆에 붙여서 어깨와 함께 떨어트린다. 간격은 클럽 길이가 길수록 멀리둔다.
5) 아랫배 복부는 위로 끌어 당겨 공간을 확보한다.
6) 가슴은 살짝 앞으로 내밀어 체중이 앞 발바닥에 오게 한다.
7) 턱은 당기거나 들지 말고 머리는 하늘을 향한 방향으로 선다.

11-12 점검순서

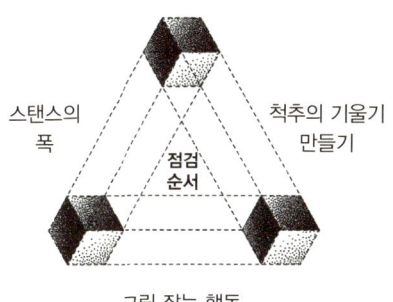

11-13 자세(Posture)

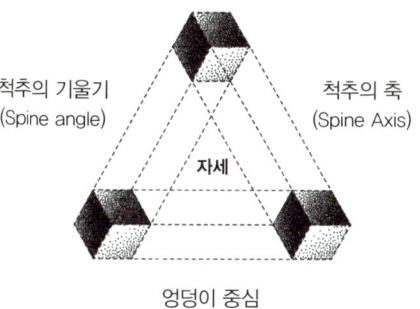

- 척추의 기울기(Spine angle) = 등-머리-앞 발바닥 중심.
- 엉덩이(Bend from hip) = 엉덩이를 밀어서 중심축을 잡는다.
- 척추의 축(Spine Axis) = 디봇, 바운스 저점의 위치를 잡는다.

11-14 에임(Aim)과 셋업(Set up)

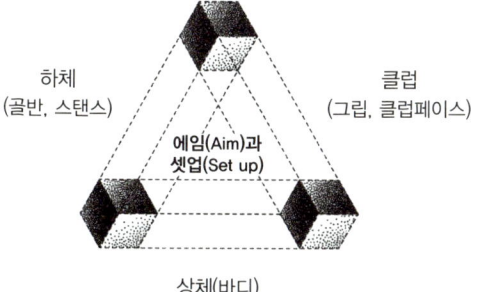

11-15 수평 에임 선

눈-어깨-골반-무릎-스탠스-클럽페이스

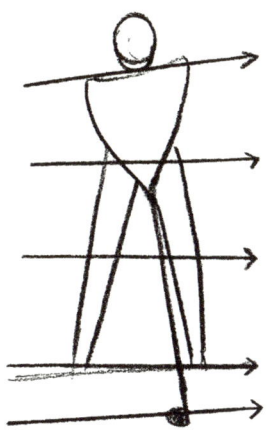

11-16 수직 에임 선

클럽페이스(리딩에지)-샤프트-그립 위치

11-17 에임(조준) 3대 요소

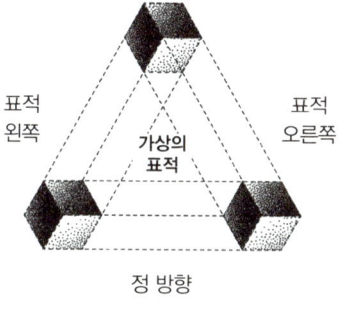

표적
왼쪽

가상의
표적

표적
오른쪽

정 방향

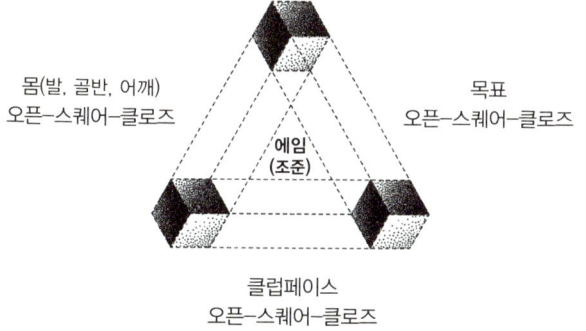

몸(발, 골반, 어깨)
오픈-스퀘어-클로즈

에임
(조준)

목표
오픈-스퀘어-클로즈

클럽페이스
오픈-스퀘어-클로즈

11-18 셋업

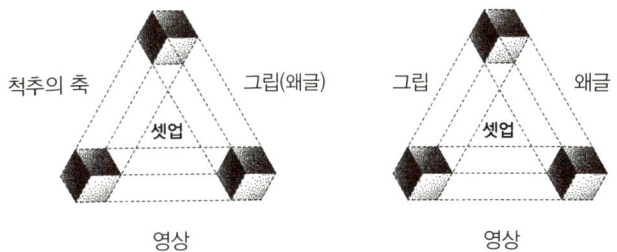

— 셋업 상태는 프리샷 루틴의 모든 것이 끝난 상태이다. 단 한 가지 움직임, 왜글과 영상만이 남아 있는 상태이다.

11-19 단계별 셋업

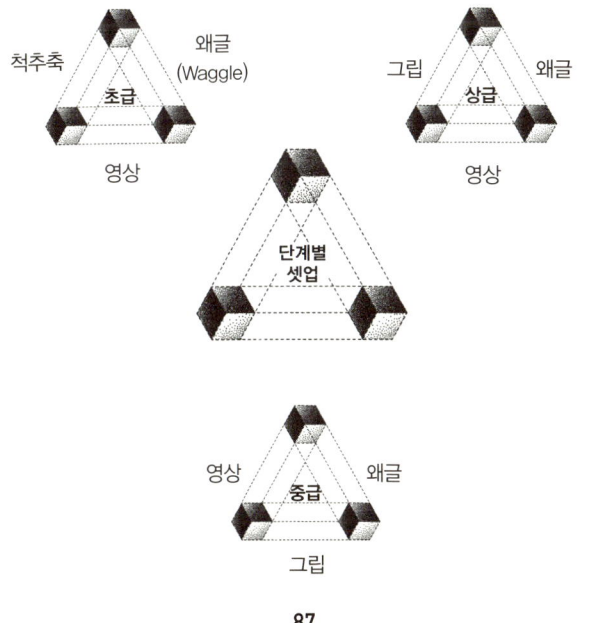

11-20 셋업의 목적

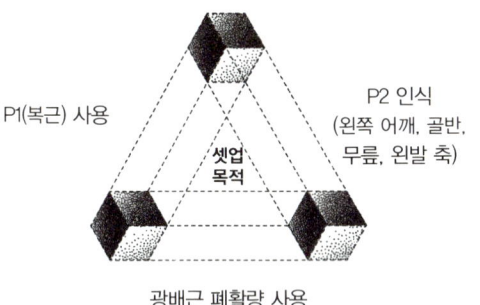

11-21 셋업 연습법

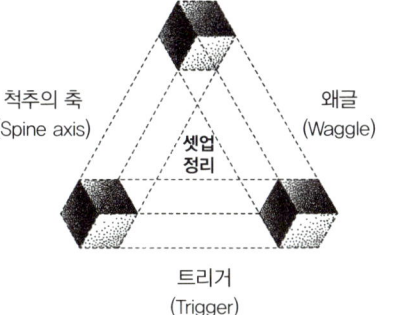

— 클럽 바운스를 바닥에 눌러서 그립 인장면 아래쪽 손가락에 밀착시
  켜 잡은 다음, 볼 상단 클럽 리딩 에지 정렬한다.
— 클럽헤드를 내리면서 무릎을 고정한다.
— 3손가락 그립감으로 손목, 팔, 바디의 힘을 뺀다.

11-22 셋업 루틴(Setup Routine)

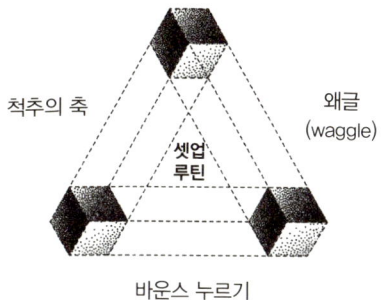

— 척추의 축(머리 위치, 머리 각도)-척추 기울기(Spine Angle)라고도 하며 자신의 어깨선과 무릎선을 통과해서 엄지발가락 접지로 이어지게 해서 체중이 앞쪽 발바닥에 얹히게 하는 것이다. 이때 척추 기울기를 지키면서 타겟 방향으로 머리를 돌려 영상을 가져 오는 동작이다.

— 바운스 누르기-그립(grip) 상단 엄지로 클럽 바운스를 눌러서 손가락에 밀착시키는 동작으로 스윙 중 그립이 돌지 않게 안정화 하는 동작이다.

— 왜글-1~2회로 손목, 팔, 상체에 힘을 빼는 동작으로 왜글 반동으로 백스윙 2까지 그립에 힘주지 않고 올라간다.

11-23 인장면이란?

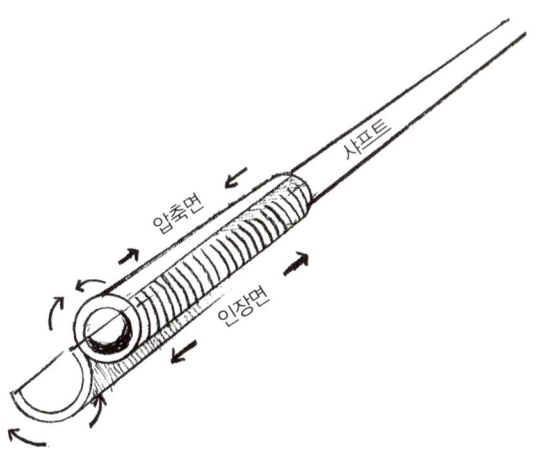

─ 그립을 잡을 때 그립 아래의 인장면에 왼손 중지에서 새끼손가락까
  지 3개의 손가락과 오른손 중지, 약지 2개의 손가락이 밀착되어야
  한다.

─ 인장면이란: 스윙 중 샤프트가 늘어나는 아래쪽 면을 말한다. 위쪽
  면은 압축이 걸려 샤프트는 활처럼 힘, 즉 휨모멘트가 수치로 나타
  난다.

11-24 P2 벽: 어깨 골반 무릎 발바닥

- 머리의 각도를 척추의 축에 맞춘다.
- 머릿속에 표적이 선명하게 남아야 한다.
- 볼의 비행각도 및 날아가는 선을 영상으로 가진다.

— 사람 P2 벽 왼쪽 다리가 짧아짐.

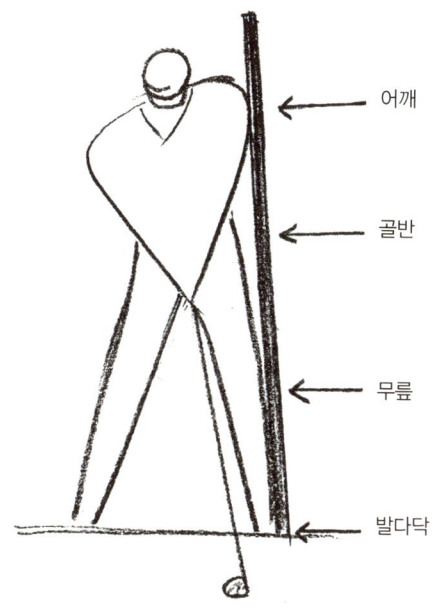

11-25 왜글(Waggle) 3대 요소

― 왜글(Waggle): 강아지가 꼬리를 흔드는 모양에서 따온 용어다. 그립을 잡고 좌,우로 힘차게 손목만 흔드는 연습(로테이션), 그립을 잡고 상, 하로 힘차게 흔들어 손목을 풀고 헤드무게를 느끼는 연습(코킹).

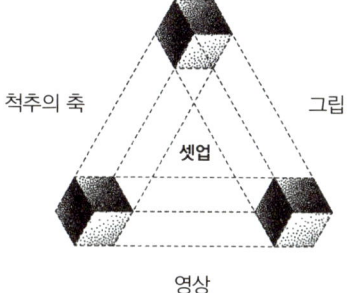

― 왜글로부터 백스윙은 시작된다.

― 코킹은 백스윙 중 클럽헤드 무게가 가벼워지고 팔과 바디 힘이 빠지면서 클럽헤드의 속도 빨라져 거리가 늘어난다. 척추를 중심축으로 어깨–팔–손목–클럽에서 만들어지는 코킹은 골퍼의 스윙 중 만들어지는 앵글이다.

1. 다양한 왜글

- 클럽헤드를 볼 위에서 테이크 어웨이 1 위치(113p)까지 1~2회 한다.
- 영상을 가지고 한다(초보=백스윙, 중급=손목, 상급=표적).
- 백스윙 시작은 클럽을 볼 뒤에 놓으면서 무릎 대퇴 근육에 힘 주어 높이 고정 시킨다. 왜글 전환 동작에서 근육(상체)의 힘을 빼는데 도움 된다.

2. 왜글 순서

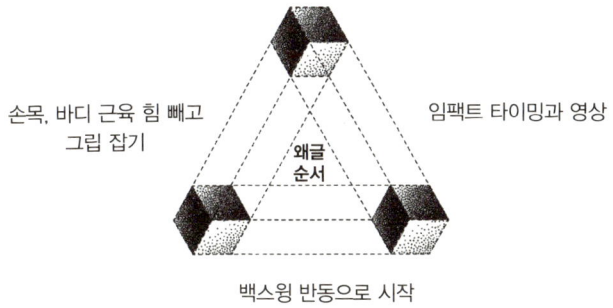

11-26 척추 축 3대 요소

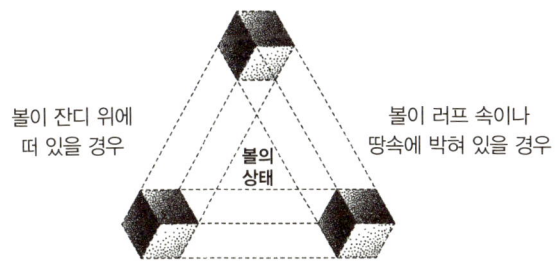

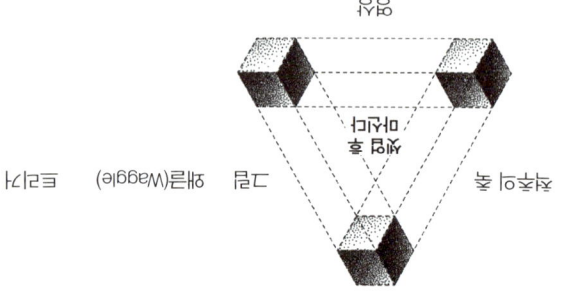

11-27 호들림 단위치

상하의 홀   그림   헤글(waggle) 트리기
           재길 후
           이사디
           여시

12장 볼의 구질

(스탠스-골반-어깨(바디)-그립-클럽페이스)*open-square -closed

5P3 = 5×4×3 = 60가지 변수

12-1 점검과 확인을 통하여 볼 구질을 결정하고 만드는 단계

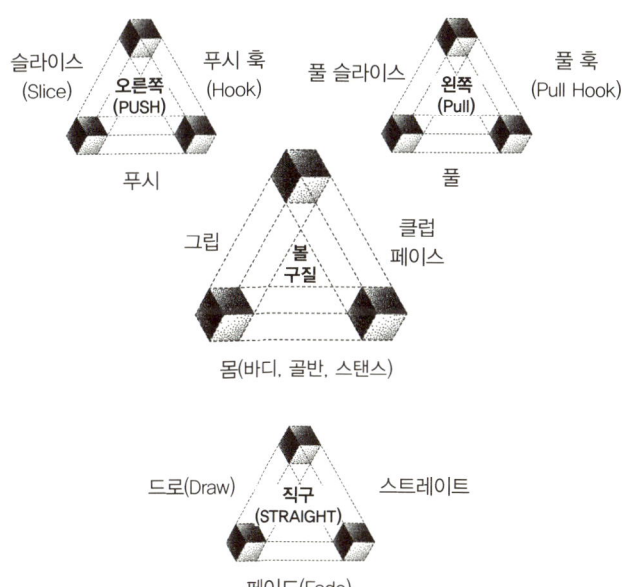

— 자신의 샷성을 따라서 푸시, 스트레이트, 풀로 나누어지고, 궤적을 안에서 다시 3가지 샷으로 구분이 만들어 진다.

제목	구질	
그립	오른쪽 (Push)	풀-푸시(Slice)-푸시-푸시 샷
바디, 클럽, 스탠스	직구 (Straight)	페이드(Fade)-스트레이트 -드로우(Draw) 슬라이스(Slice)-훅(Hook)
스윙페이스	왼쪽 (Pull)	풀 슬라이스(Slice)-풀-풀 훅(Pull Hook)

12-2 볼 플라이트 3대 요소

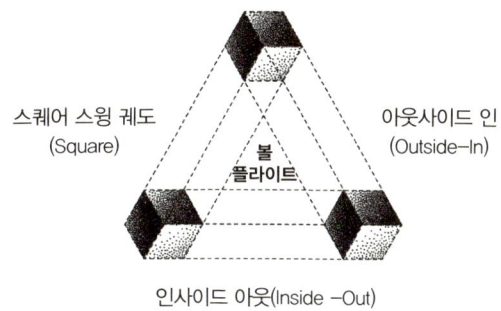

12-3 볼의 구질 3대 요소

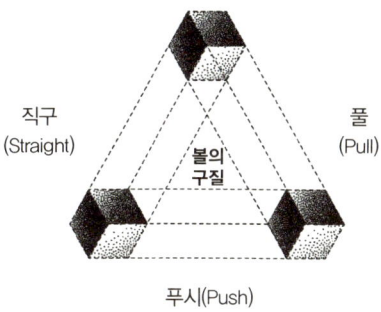

― 페이드 샷: 높이 날고 적게 구르는 구질로써 힘 있는 골퍼가 많이 사용한다.
― 드로 샷: 낮고 많이 구르는 구질로써 힘 없는 골퍼에게 좋은 샷이다.

12-4 어깨선 방방

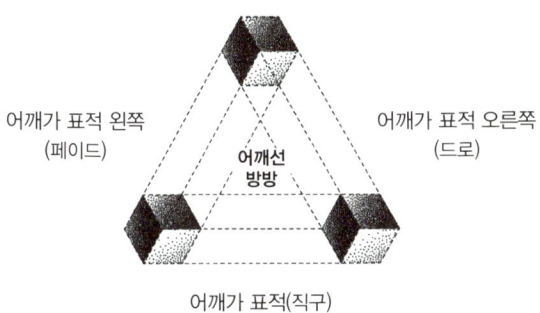

어깨가 표적 왼쪽
(페이드)

어깨선
방방

어깨가 표적 오른쪽
(드로)

어깨가 표적(직구)

12-5 볼 비행법칙 9가지

— Hook, Straight, Slice
— Pull Slice, Pull, Pull Hook
— Push Slice, Push, Push Hook

11가지 볼의 구질

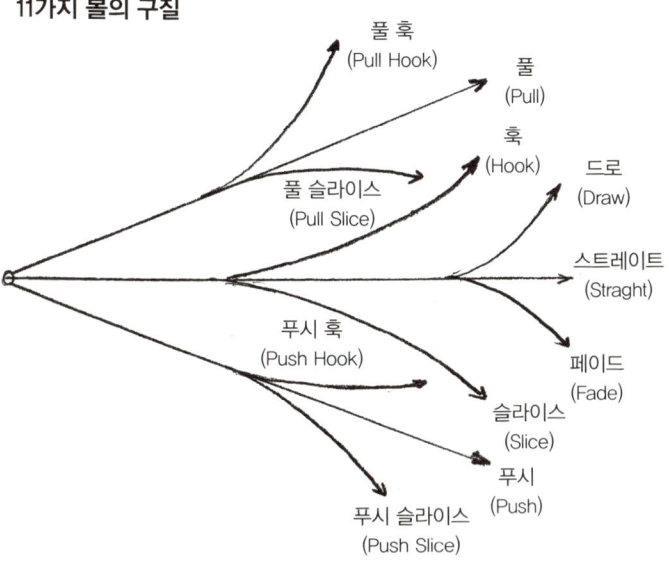

풀 훅
(Pull Hook)

풀
(Pull)

훅
(Hook)

드로
(Draw)

풀 슬라이스
(Pull Slice)

스트레이트
(Straght)

푸시 훅
(Push Hook)

페이드
(Fade)

슬라이스
(Slice)

푸시
(Push)

푸시 슬라이스
(Push Slice)

— 훅: 직선 궤도에서 클럽페이스가 닫힌 경우.
— 슬라이스: 직선 궤도에서 클럽페이스가 열린 경우.
— 스트레이트: 직선 궤도에서 클럽페이스가 스퀘어인 경우.
— 푸시 슬라이드: 인사이드 아웃 궤도로 클럽이 열린 상태로 오른쪽 방향으로 가다가 목표 방향으로 되돌아 온다.
— 푸시: 인사이드 아웃 궤도로 클럽페이스가 임팩트 순간 스퀘어된 경우, 볼은 목표 오른쪽으로 진행한다.
— 풀 슬라이스: 아웃사이드 인 궤도로 클럽페이스가 닫혀서 볼 왼쪽에서 시작해 오른쪽으로 진행한다.
— 풀: 아웃사이드 인 궤도로 임팩트 시 클럽페이스가 스퀘어인 경우 볼은 목표 왼쪽으로 진행한다.

예) 메뉴 = 페이드 = 볼 위치 오른쪽–클럽페이스 오픈–스탠스 오픈
　　드로우 = 스탠스 크로스–골반 크로스–바디 크로스

— 페이드 볼: 깎아 치고, 히트하고 상체 쓴다.
— 드로 볼: 밀어치고, 리듬으로 하체 스윙한다.
— 드로 연습 방법: 8번 아이언을 가지고 퍼팅하듯 스윙.

13. 뭘로 영상이라?

13-1 도움의 3대 요소

점(Point)
면(Plane)
선(Line)

도움의 3대 요소

13-2 스윙 영상(Video)

볼 스피드(Ball Speed)
비행 각도(Flight Angle) (통의 비행 각도)
스윙 영상 (Video)
스윙 마무리(High Finish) (피니쉬 점)

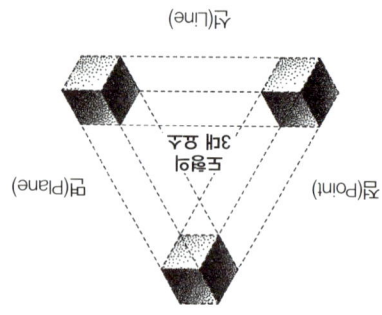

13-3 영상의 3대 요소

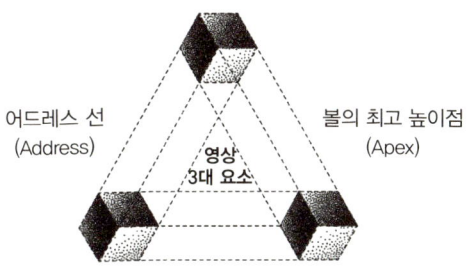

― 머릿속에는 표적과 볼의 비행선이 남아 있어야 한다.
― 면 공약, 도형 공약 영상으로 스윙한다.

13-4 골퍼 영상 변화

― 네거티브 마인드(Negative Mind): 그린 주변 공략.
― 포지티브 마인드(Positive Mind): 그린 공략.

― 아이언은 면을 공략하고 드라이버는 도형을 공략한다.

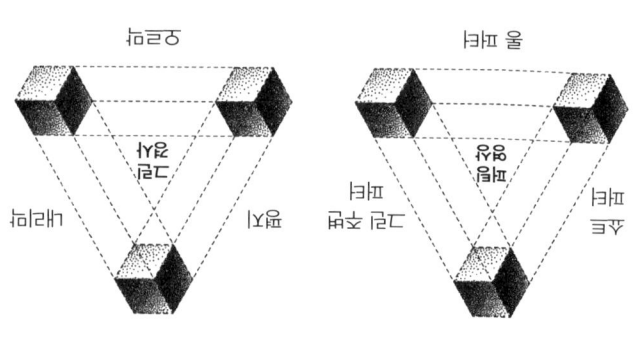

13-5 파워게임 영상

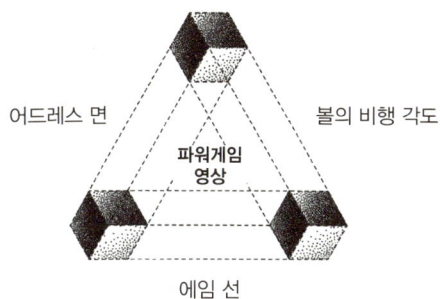

13-6 드라이버 샷 영상

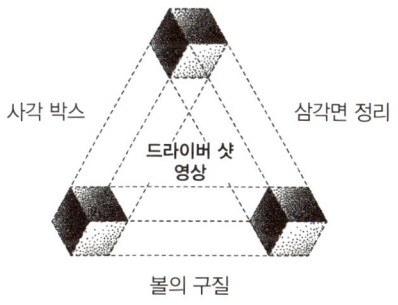

13-7 스윙 영상

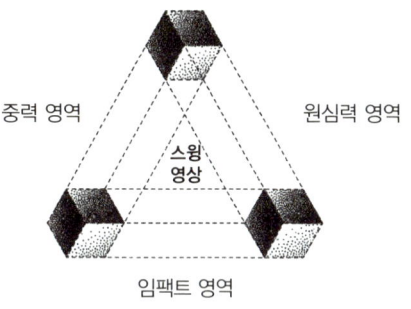

13-8 스윙 아크 현상

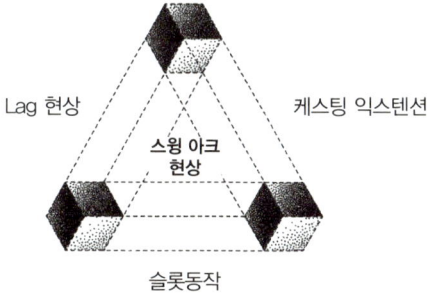

13-9 슬롯 정렬

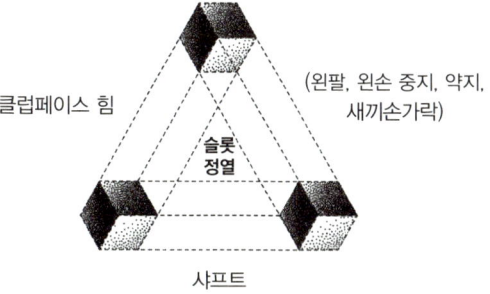

— 그립은 왼손 중지, 약지, 새끼손가락이 슬롯 라인을 타야 한다.

13-10 중력 영역

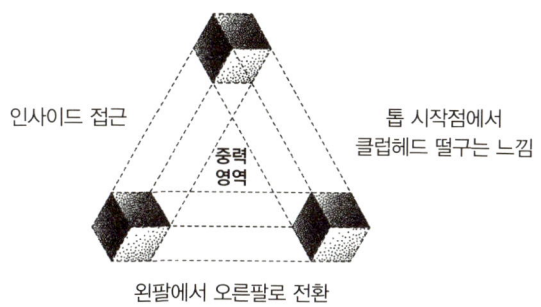

13-11 임팩트 영역

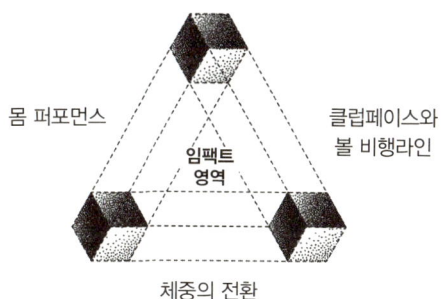

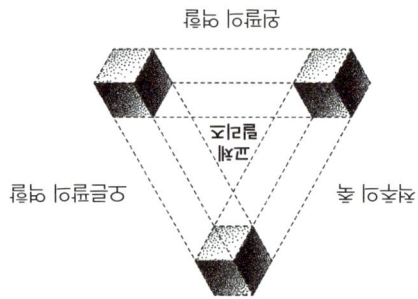

13-13 교회 동리지

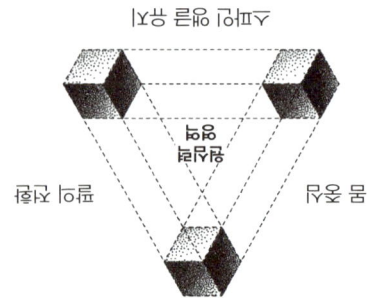

13-12 선교지의 영역

14장 골프 스윙이란?

14-1 스윙 변천사

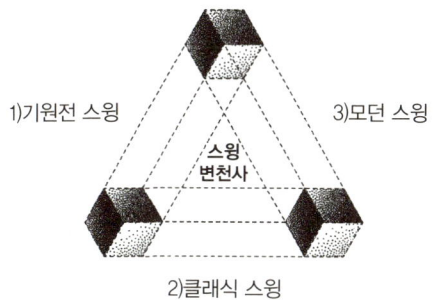

1) 클럽이 나무에서 스틸로 변하면서 재질의 탄성 변형에 맞게 스윙이 변했다.
2) 하체(무릎과 골반)를 많이 사용하면 전환 폭이 커지고, 상체 바디 턴 위주는 전환 폭이 작다.
3) 클래식 스윙이 슬라이딩 스윙이면, 모던은 제자리 돌기 스윙으로 표현 가능하다.
— 거리에 대한 재료의 규정 변화를 보면 좀 더 깊이 이해하기 쉽다.
— 벤 호건은 딜레이드 히트를 쉽게 하기 위하여 스파인 앵글 척추의 기울기를 줄이고 중력의 영역을 이해한 선수이다.
— 참고서적『Ben Hogen's Five Lessons: The Modern Fundamentals Of Golf』.

14-2 수형 디자인

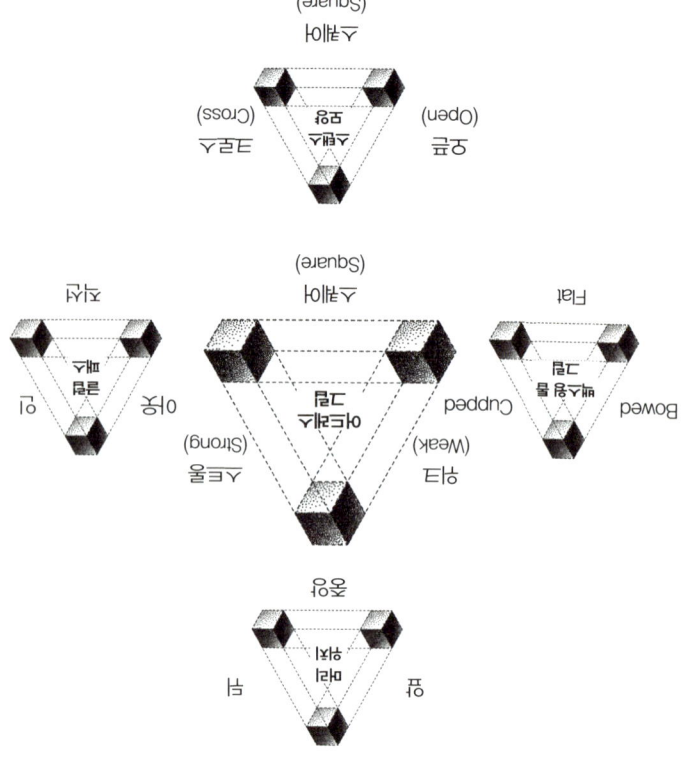

14-3 스윙 교육

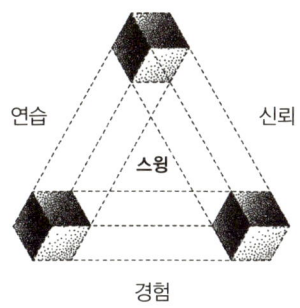

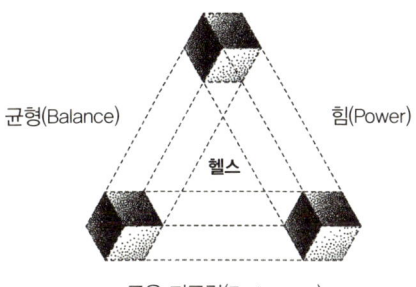

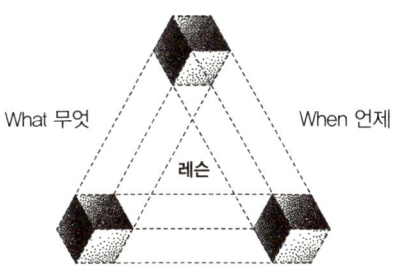

— 스윙 고려 사항: 그립 먼저 정한 후 히터. 스윙어, 스위터—원플래인, 투플래인—업라이트 궤도 플랫 궤도.

14-4 브레이크(Break) 이론

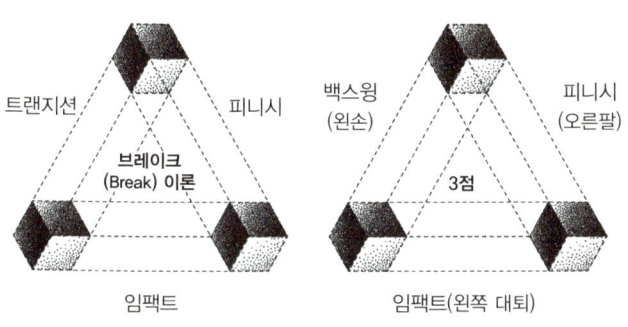

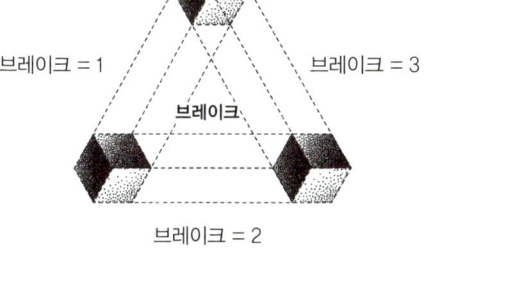

— 브레이크 1: 백스윙 톱에서 잡고 있는 그립 상태가 손가락에 밀착하
    여 관성으로 인한 클럽 움직임을 정지하는 방법-왼팔 장력.
— 브레이크 2: 임팩트 순간 왼발 대퇴 근육을 정지시키는 방법.
— 브레이크 3: 피니시 마지막 순간 오른손 그립을 정지시키는 동작.

14-5 스윙 기술 완성 3대 요소

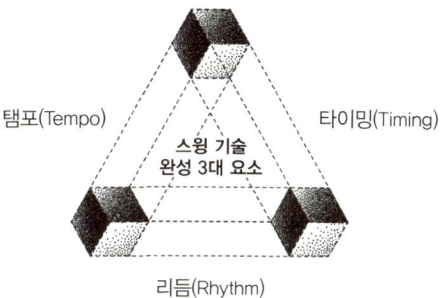

— 템포(Tempo): 빠르기 즉 스윙 속도다. 컨트롤 스윙의 크기 100%, 70%, 50%, 30%로 클럽헤드가 스윙 궤도를 지나는 길이를 속도로 말한다.
— 리듬(Rhythm): 운동의 질서 즉, 가속력이다. 조율, 조합, 하모니. 헤드의 가속도이다. 체중이동 즉, 전환이다.
— 타이밍(Timing): 시간차의 조합 특히, Casting의 위치, 체중의 전환을 말한다.

14-6 타이밍

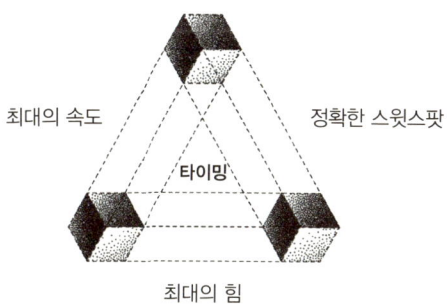

14-7 리듬과 템포를 만드는 루틴

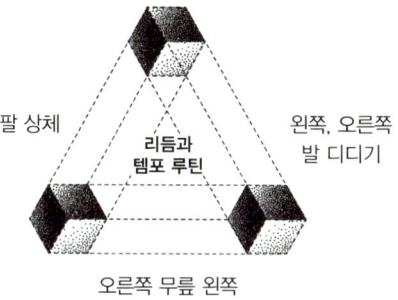

- 왼쪽 축 인식 후 핸드 퍼스트 행동.
- 오른쪽 무릎을 왼쪽으로 살짝 넣는 동작.
- 왼발 오른발 디디는 행동.
- 잭 니클라우스 선수는 머리를 뒤로 살짝 돌린다.
- 게리 플레이어 선수는 무릎을 살짝 넣는다.
- 제이슨 데이 선수는 왜글 후 바운스를 볼 뒤에 내려 하체를 고정시킨다.
- 그 외 선수들은 대부분 핸드 퍼스트 동작으로 척추의 축을 잡는다.

리듬 템포 연습법

- 오른손으로 클럽 돌리기.
- 왼손으로 클럽 돌리기.
- 두 손으로 클럽 돌리기.
- 볼 뒤에서 두 발 모아 왼발–오른발 백스윙–왼발 샷.
- 볼 앞에서 오른쪽 백스윙–왼발 샷.
- 왼발 오른발 반복, 디디고 샷.
- 클럽 들어 볼 위로 왜글 후 백스윙 샷.
- 볼 뒤에서 왜글 후 백스윙 샷.
- 클럽 반대로 잡고 왼팔 오른팔 샷 후 두 팔 샷.
- 스윙 후 점프하여 돌기 90도, 180도, 270도, 360도.
- 볼을 일렬로 세워 놓고 7번 동작으로 볼치면서 앞으로 가기.

14-8 스윙 전개도

스윙 궤도 영역

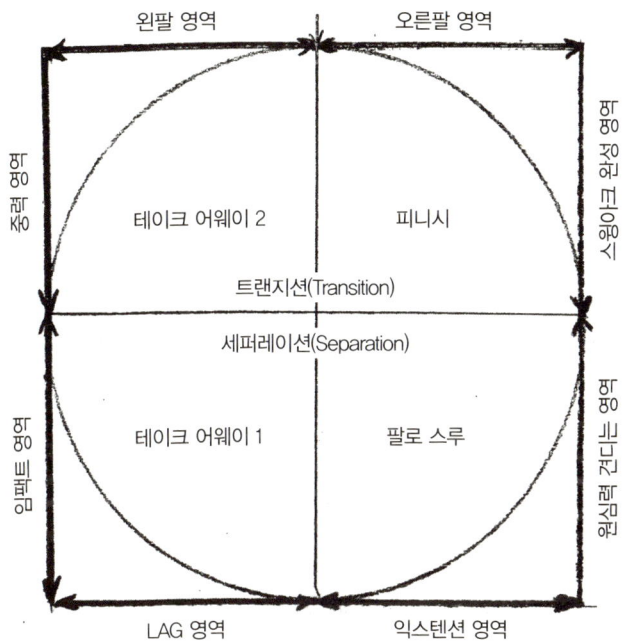

— 트랜지션: 백스윙 톱에서 다운스윙으로 변환 동작.
— 세퍼레이션: 상하체 분리 순간 동작.

스윙 구간별 용어

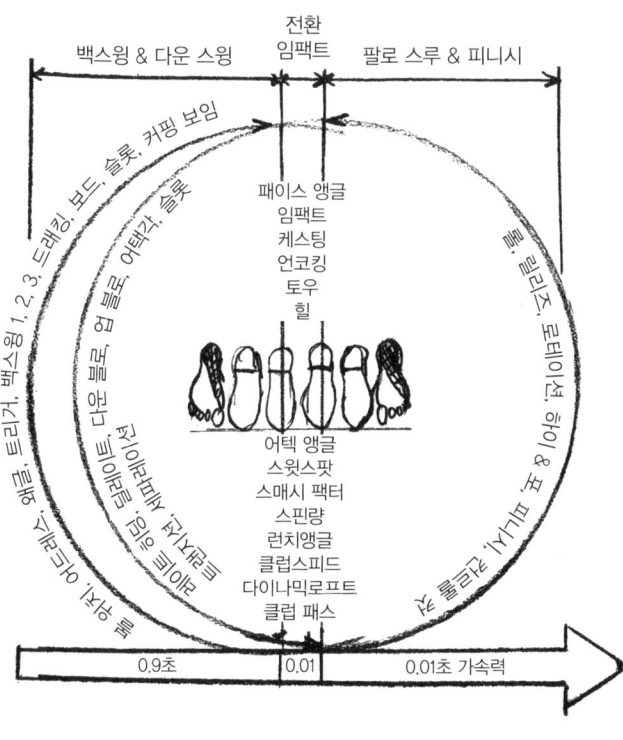

14-9 스윙 궤도(SWING Plane)와 볼 구질의 변화

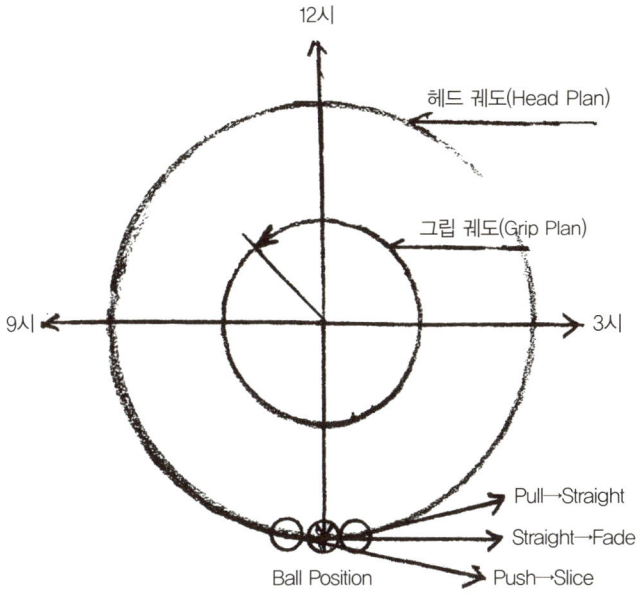

그립 위치

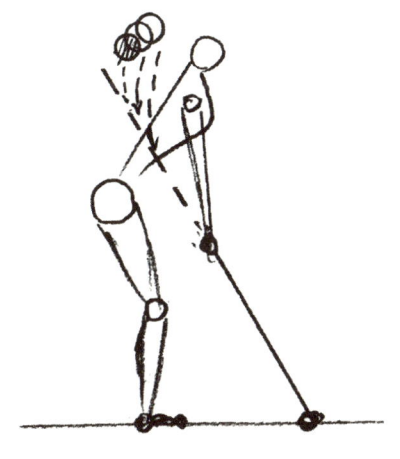

14-10 성공 훌륭한 마케팅 회집

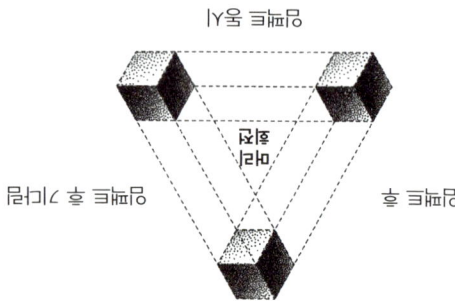

- 드라이버 또는 아이언: 임팩트 존 늘어 울 회전합니다.
- 쇽새김: 임팩트 동시에 회전합니다.
- 파터: 임팩트 후에고 기다립니다.

14-11 체중분배

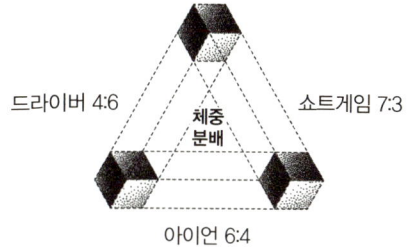

— 드라이버 왼쪽 40%, 오른쪽 50%.
— 아이언 바디 턴 체중이동 60% 40%.
— 쇼트게임 왼쪽 70%, 오른쪽 30%. 체중이동 없음(어프로치, 벙커, 러프, 트러블 샷).
— 왼발 기준 40%, 60%, 70%.

14-12 스윙 아크 3대 요소

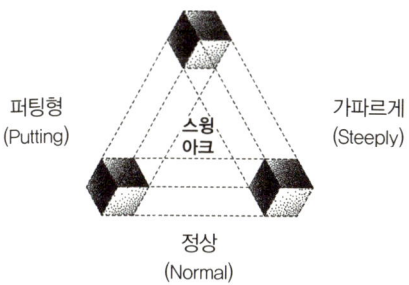

14-13 오른팔 각도 R-Angle

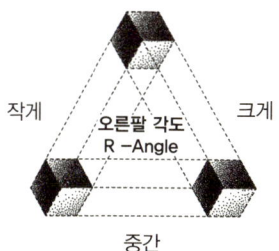

14-14 스윙 상대성 원리

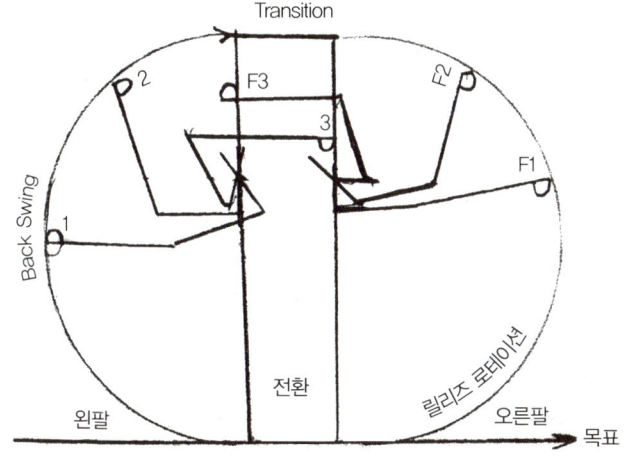

— 백스윙 1, 백스윙 2, 백스윙 3. 어깨 길이와 팔 길이, 클럽 길이에 따라 꺾어지는 앵글은 변한다. 또한 골퍼의 키, 체격에 따라 백스윙 3단계의 앵글 변화를 설명한다. 다운스윙 중 전환의 크기는 골퍼의 유연성에 따라 차이가 나며, 그로 인한 클럽헤드의 딜레이트 앵글 변화가 커지고 전환도 함께 변한다. 팔로 스루 1, 2, 3 또한 골퍼마다 앵글각도가 다양하게 변한다.

3가지 그립

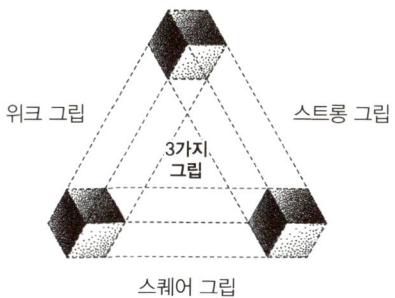

— 3가지 그립은 임팩트 후 일어나는 클럽헤드의 릴리즈와 로테이션에 변화를 가져오며, 그로 인한 팔로 스루 중 앵글에 위치가 결정된다.

14-15 골반 회전 크기

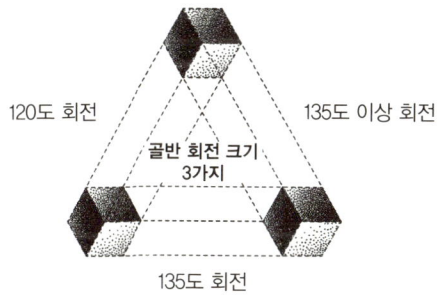

— 골반 회전이 커지면 타이밍 잡는 것이 어렵고 상하체 꼬임도 줄어든다. 상대성 원리에 따라 볼의 구질에 가장 큰 영향을 준다. 하지만 키가 작은 골퍼가 피봇을 하면 백스윙할 때 골반 회전을 더하여 클럽헤드와 샤프트가 다운스윙에서 지연되어 올바른 슬롯에 진입하게 교정하는 것이 좋다. 반대로 백스윙 중 클럽이 뒤로 많이 이탈하여 피봇하면 골반 회전을 줄이는 것이 좋다.

15장 백스윙(Back Swing)이란?

골퍼가 다양한 구질과 에너지를 만들어 내기 위하여 클럽헤드를 원을 그리며 뒤로 드는 동작이다.

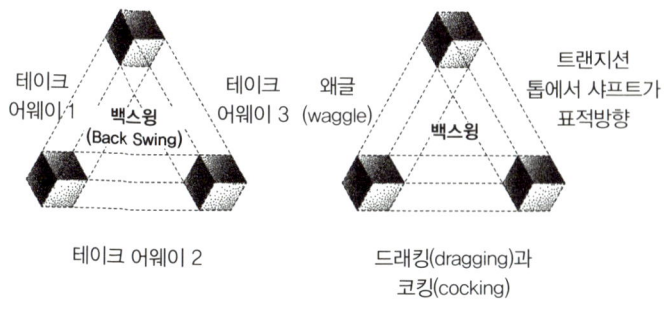

— 테이크 어웨이 1: 30cm까지 낮게 클럽페이스가 볼을 보면서 가져 가는 동작으로 왼팔보다 오른팔이 위에 있어야 한다. 바디턴 45도 오른쪽 왼쪽 어깨로 턴하고 하체 고정 두 개의 무릎을 고정시켜 밀리는 것을 방지하고 높이의 변화가 없어야 한다. 두 팔은 몸쪽으로 당기지 말고 밀어 주어야 한다. 왼팔은 8시, 클럽 샤프트는 수평이어야 한다. 왼손 그립은 바닥쪽으로 밀고, 오른손 검지로 받쳐 준다.

— 테이크 어웨이 2: 바디가 90도 돌아서 등이 목표 방향으로 향하는 상태로 왼팔 9시, 클럽은 수직으로 세워져 손목 코킹이 완성되며 전면에서 보면 L자 모양을 유지해서 클럽 무게를 느끼지 못하는 상태로 클럽 무게는 오른손이 받쳐서 고정한다.

— 테이크 어웨이 3: 백스윙 톱이다. 골반 45도, 바디 90도가 회전된 상태로 톱에서 클럽 무게는 왼손 엄지와 새끼 손가락이 지탱하고 오른손 검지 위에 그립을 올리며, 클럽은 표적 방향, 샤프트는 지면과 수평이다.

15-1 골퍼 키와 백스윙

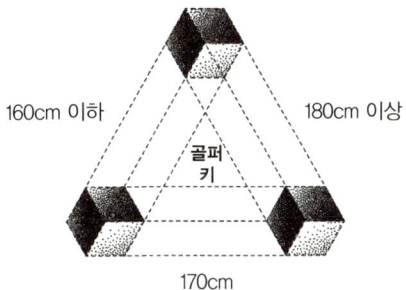

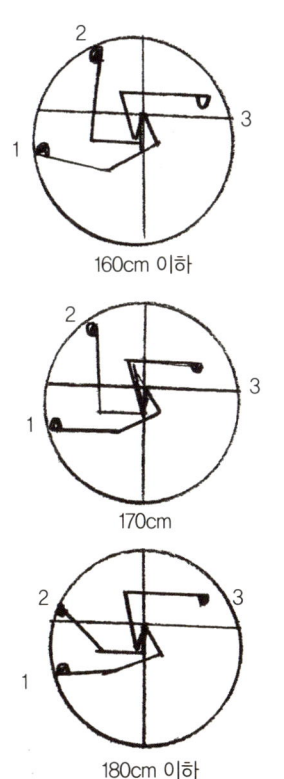

15-2 테이크 백(Take Back) 순서

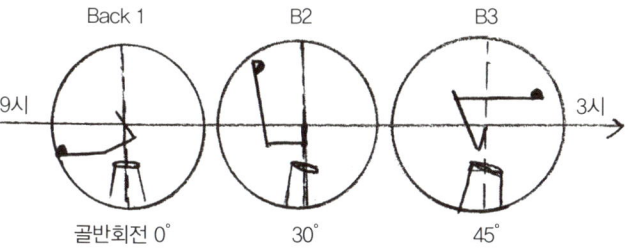

전면에서 본 모양

— 왼팔의 위치는 시계 방향 기준이다.
— 왼팔이 백스윙 톱에서 12시 위치면 피봇의 원인이 되기도 한다.
— 어깨뼈와 팔 클럽의 앵글은 골퍼의 키와 근육량에 따라 가장 큰 변화를 가져온다.

15-3 백스윙 톱에서 왼 손목 각도 3대 요소

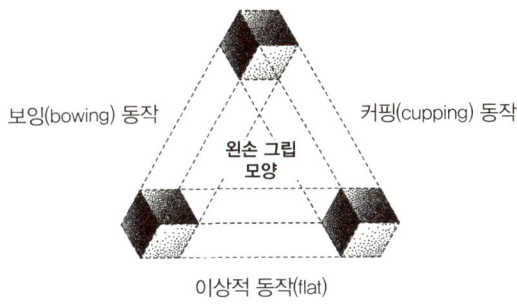

— 보잉(bowing) 동작 = 손목이 뒤쪽으로 꺾이는 동작.
— 이상적 동작 = 손목과 팔 일직선 유지
— 커핑(cupping) 동작 = 왼 손목이 앞쪽으로 꺽이는 동작
— 보잉 동작은 골반을 먼저 사용하여 훅 방지에 도움을 주고, 커핑 동작은 오른손 엄지, 검지를 그립에 밀착시켜 슬라이스 구질을 방지한다 보잉 동작으로 스윙하는 선수는 더스틴 존슨, 커핑 동작을 쓰는 선수는 존 댈리가 있다. 위 3가지 동작은 상체에 힘이 들어가거나 오른쪽 어깨가 턴하지 못할 때 또는 그립의 위치 높낮이가 변할 때 손목에 일어나는 현상들이다.

15-4 백스윙 드릴

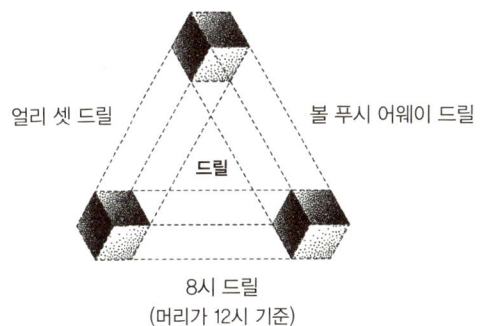

15-5 백스윙 톱에서 클럽헤드 모양

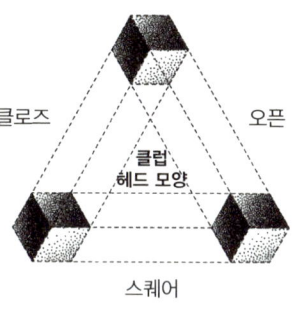

— 심하게 클로즈되어 있으면 다운스윙 시작이 급게 되어 시간을 늘려
   내려오는 것이 중요하다.

15-6 백스윙의 3대 요소

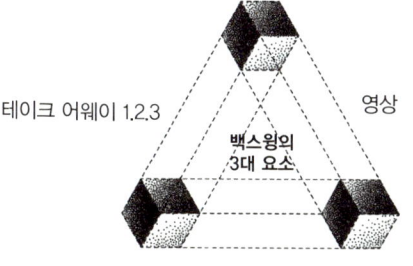

— 테이크 어웨이 1, 2, 3은 골퍼에 적합한 앵글을 가지고 있어야 한다.
— 왼손 그립과 샤프트의 힘 방향은 영상으로 연습한다.
— 표적 영상을 오래 가져 갈수록 천천히 테이크 백해야 한다. 스윙
   을 만드는 연습과 실전에서 목표를 공략하는 연습은 다르게 접근
   해야 한다.

15-7 백스윙 레벨 레슨 방법

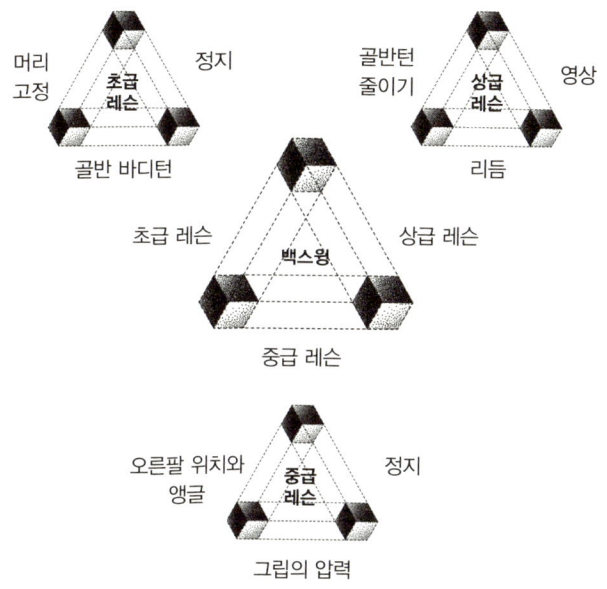

1. **초급레슨**
— 머리 고정: 척추의 축 유지.
— 골반 바디턴: 에너지 만들기.
— 정지: 오버스윙 방지 및 왼 손목 꺾임 방지.

2. **중급레슨**
— 오른팔 위치와 앵글.
— 그립의 압력.
— 정지.

3. **상급레슨**
— 골반턴 줄이기.
— 리듬.
— 영상(힘 방향).

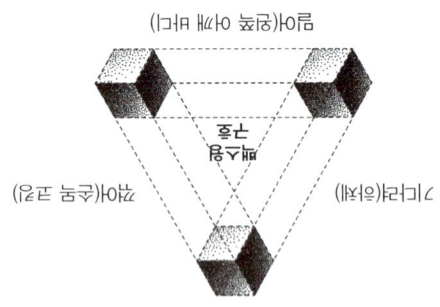

15-8 배수성 이미지 구조

15-9 백스윙 정리

1) 백스윙이 시작되기 전, 상체 힘은 빼지만 복근에 힘을 주어 당기고 있어야 오른쪽 골반이 끌려 가지 않고 제자리에서 돌게 된다.
테이크 어웨이 1, 2, 3 지점 지나서 백스윙 톱이 만들어 지는지 확인한다.
테이크 어웨이 1은 골퍼의 키와 체격, 근력에 따라 전면에서 보는 왼쪽 어깨-팔-클럽 앵글각도는 결정하고 레슨해야 한다. 골퍼 키에서 1m 뺀 수치를 각도로 전환한 정도까지 배꼽 바디턴으로 1의 위치를 찾는다.

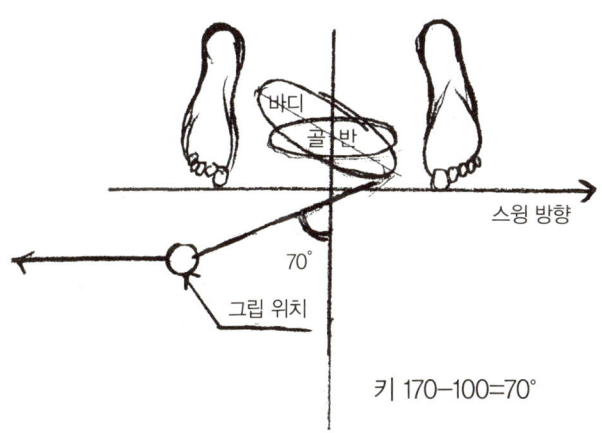

2) 클럽페이스는 볼을 보면서 출발하고 왼팔이 8시에 도달하면 왼손
등은 전면을 보고 골퍼에 맞는 손목 코킹이 다양하게 만들어진다.
이때 그립을 잡은 두 손은 오른발 엄지발가락 위에 위치한다.

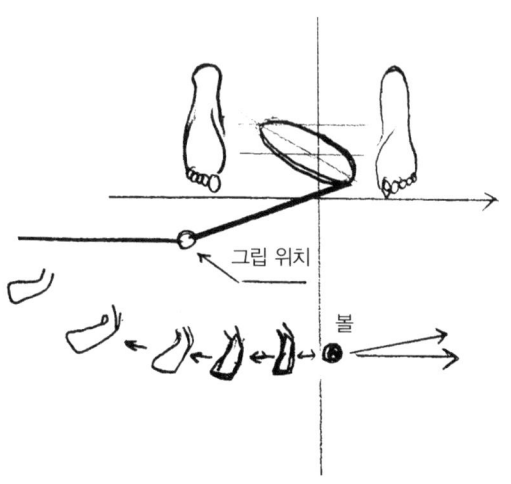

3) 백스윙 1은 상체(바디와 복근)를 회전하여 클럽이 먼저 가고 백스윙
2에서 하체(골반와 무릎)와 상체가 함께 움직인다.

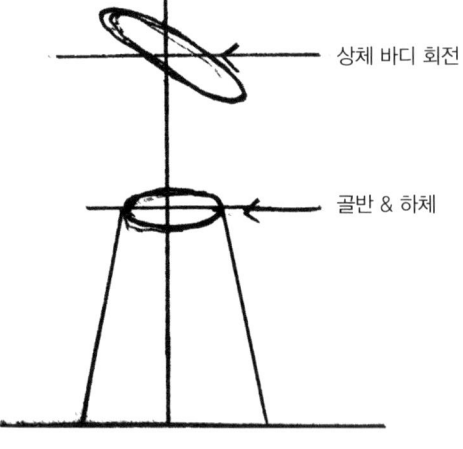

4) 백스윙 2는 왼팔이 9시, 클럽은 위 L자 형태를 가지고 있으며, 양쪽 어깨는 90도 회전하여 가슴이 뒤쪽으로 완전히 회전되고 오른팔굽을 펴서 최대한 클럽을 잡은 그립이 몸에서 멀리 떨어져 손목 코킹(Cocking)으로 두 팔이 삼각형 단면적을 유지한다. 왼팔이 오른팔 위에 위치 한다(1/2 스윙이다).

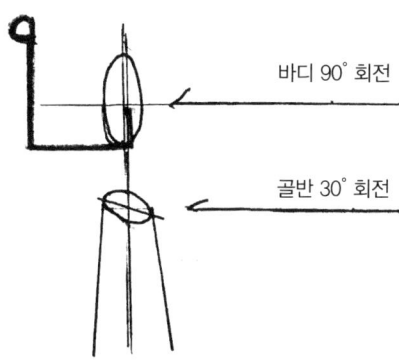

5) 백스윙 2까지 클럽을 들어 올리는데 필요한 힘은 왜글 동작 후 반사적으로 올라가면 손목과 바디에 힘이 빠진 상태로 L자를 만드는 것이 좋다.
후방에서 보면 백스윙 2의 위치는 골퍼의 오른발 뒤 선상 위에 위치하는 것이 좋다.

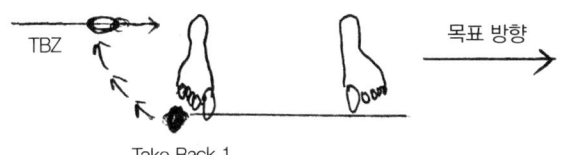

6) 골퍼는 스윙 프레임 대각 방향으로 기울어진 척추의 기울기, 스파인 앵글을 스윙 중 계속 유지하여야 한다. 무너짐을 사전에 막아주기 때문이다. 오른쪽 무릎으로 잡지 못하는 골퍼는 백스윙 2 시작점에서 왼쪽 무릎을 앞으로 내밀어 하체 중심축을 잡아 주는 것이 중요하다. 팔, 손목, 몸에 힘이 들어가 회전에 방해가 되면 안 된다.

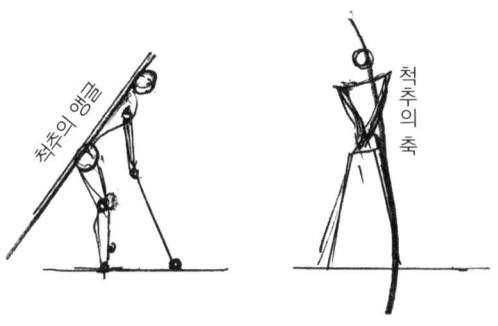

7) 백스윙 중 오른쪽 무릎이 밀리거나 반대로 오른 팔굽이 심하게 굽어 바디에 여러 종류에 변형이 오는 것을 방지하여야 한다. 오른쪽 무릎으로 잡지 못하는 골퍼는 백스윙 2 시작점에서 왼쪽 무릎을 앞으로 내밀어 하체 중심축을 잡아 주는 것이 중요하다. 팔과 손목, 바디에 힘이 들어가 회전에 방해가 되면 안된다.

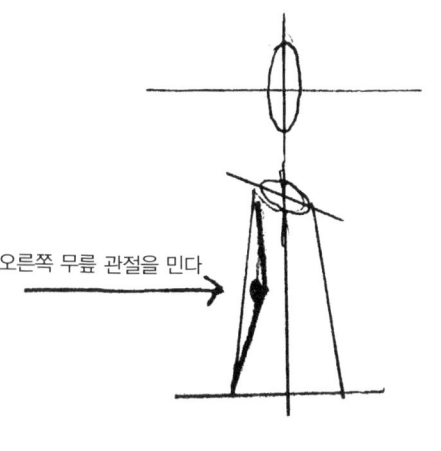

오른쪽 무릎 관절을 민다

8) 왼쪽 어깨만 돌고 오른쪽 돌지 않으면 상, 하체 꼬임이 줄어들어 거리가 줄어든다.

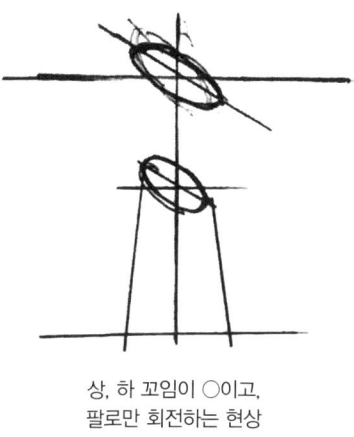

상, 하 꼬임이 ○이고,
팔로만 회전하는 현상

9) 백스윙 3 톱은 골퍼마다 상, 하체 꼬임 최대 회전 범위이다. 대체적으로 전환이 일어나지 않는 골퍼는 리버스피봇 현상이 일어나고, 손목 코핑이 일어나는 골퍼는 오버스윙의 원인이 된다. 왼팔은 오른쪽 어깨 상단에 위치하고 그립은 오른쪽 귀 대각방향으로 최대한 멀리 위치하는 것이 좋다.

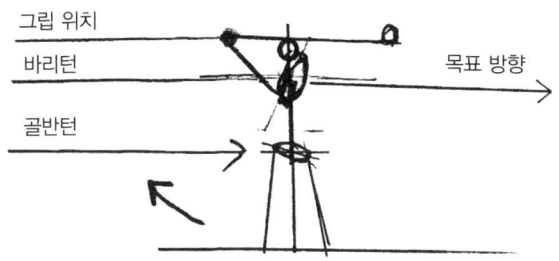

10) 골반 전체를 45도 이동, 바디 90도 이상 회전하여 바디 등판이 눈표를 향하도록 지도한다.

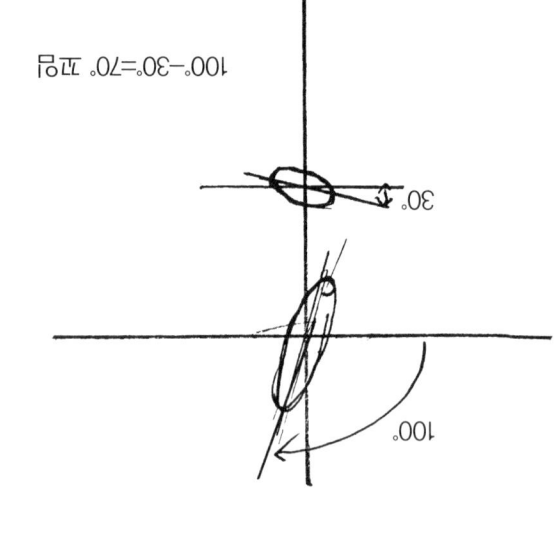

100°−30°=70° 교민

11) 백스윙 톱에서 잠깐 멈추거나 멈추지 않는 것은 백스윙 크기와 프레임 이탈 정도에 따라 시간을 조절하여 다운스윙 경로를 몸이 인식할 수 있도록 지도한다.

예를 들어 오버스윙 하는 골퍼는 오래 멈추어 보드(뒷쪽 방향)로 슬롯을 만들어 주어야 손목 코핑이 정상으로 돌아와 어택각에 진입할 수 있다. 반대로 백스윙 톱에서도 클럽이 프레임을 이탈하지 않는 골퍼는 정지하지 않는 것이 순간 파워를 더 만들 수 있다.

순간　　잠깐멈춤　　보드　　기다림

12) 백스윙 중 엉덩이 두 개가 중심축 무게 중심을 인식하고 좌, 우 이동하는 것은 방지하여야 한다.

엉덩이 이동 골반 꼬임 이탈

13) 백스윙에서 왼팔과 오른팔의 위치와 움직임은 발바닥에 전달되는 체중에 변화를 주는 요인이다. 예를 들어 왼팔을 낮게 빠지면 앞발에 체중이 오고, 왼팔이 높게 가져가면 뒤쪽에 체중이 전달되어 여러 가지 좋지 않은 현상들이 일어난다. 체중은 바디와 골반의 회전으로 오른쪽 발바닥 안쪽에 90%까지 실을 수 있다.

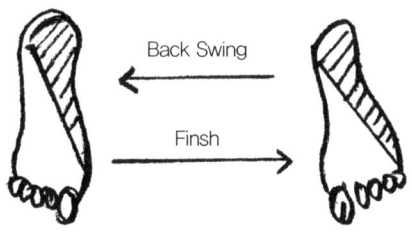

14) 백스윙 톱에서 왼손목이 심하게 커핑(Cupping)되어 앞쪽으로 꺾이면 다운스윙 중 클럽 샤프트가 회전하지 못하고 풀려 내려와 볼에 사이드 스핀이 일어나는 원인이 된다.

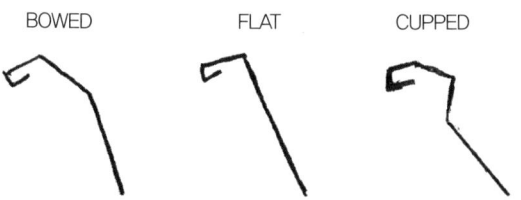

15) 오른쪽 팔굽이 뒤쪽으로 빠지는 치킨윙 현상은 오른팔을 몸에 붙이고 팔굽을 빨리 접어서 일어나는 현상으로 처음부터 바디턴 교육으로 잡아주어야 한다.

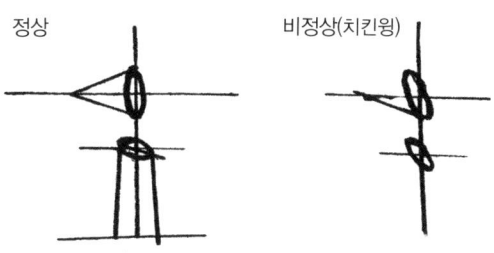

16) 백스윙 톱에서 왼손 엄지와 새끼손가락 지렛대 힘으로 손목이 꺾이는 커핑 현상을 잡아주어야 하고 오른손가락 위에 그립을 위치하게 하여 보잉 현상을 잡아주는 교육이 필요하다.

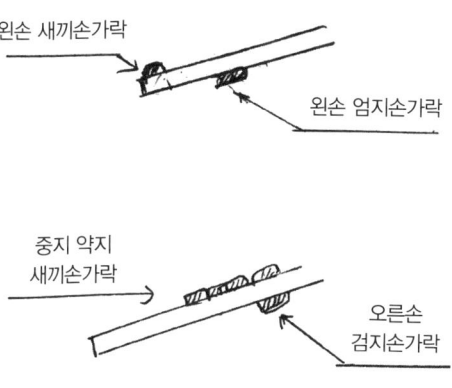

17) 백스윙 중 골퍼의 시선 위치는 캐스팅이 일어나는 위치와 연관성이 있으므로 우선 먼저 올려치는 업블로 스윙은 시선을 볼 뒤쪽에 두게 하고, 쇼트 아이언처럼 다운블로 스윙은 볼 앞으로 보게 하는 것이 레슨에 중요한 포인트다.

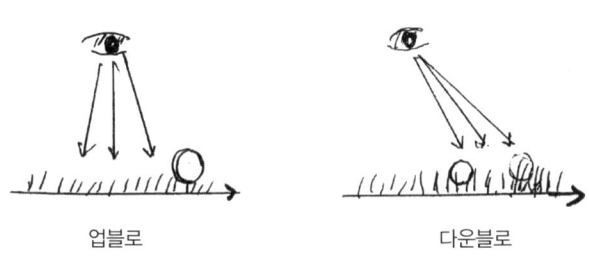

업블로   다운블로

18) 백스윙 톱은 골퍼의 유연성이 허락하는 내에서 정하는 것이 좋다.

15-10 백스윙 현상

— 플랫 숄더 플레임 현상은 백스윙에서 척추각이 들리는 현상을 말한다.
— 클럽페이스를 빨리 들어 올려 오른쪽 어깨에 힘이 들어가 바디 회전이 정지하는 현상
— 이를 막기 위해 클럽페이스를 수평으로 가져가는 연습을 지도한다.
— 백스윙이 빠르고 가파르면 페이드 구질이 만들어지고, 느리고 낮게 접근하면 드로 구질이 만들어지는 현상들이 나온다.
— 테이크 백스윙 1에서 손목이 심하게 꺾이면 얼리 코킹이고, 펴지면 테이크 어웨이가 된다.
— 백스윙을 지나치게 뒤로 가져가는 골퍼가 스탠스와 골반을 오픈하면 오른쪽이 막혀서 방지할 수 있다.
— 백스윙에서 오른쪽 무릎을 펴면 오른쪽 엉덩이가 왼쪽으로 이동하면서 하체가 무너지는 현상이 나온다. 그로 인해 상체도 왼팔이 바디 앞가슴에 달라 붙어 척추가 꺾이게 된다. 이러한 현상에는 볼이나 퍼터 주형기를 끼워서 고쳐준다.
— 그립에 힘을 주어 백스윙을 시작하는 골퍼는 왜글와 손목풀기 드릴로 지도하는 것이 좋다.
— 엉덩이가 따라가 오른쪽 허리가 펴지면서 나타나는 스웨이 현상은 백스윙 1단계에서 왼쪽 골반과 무릎을 잡아주는 지도를 한다.
— 업라이트 스윙 중 오른쪽 팔꿈치가 몸에 무리하게 붙으면 피봇 현상이 일어난다.
— 오른쪽 발바닥 바깥쪽에 볼을 밟고 스윙하면 오른쪽 무릎 안쪽 체중을 느낄 수 있다.
— 백스윙 점검 방법 중 하나로 톱에서 클럽을 떨어뜨려 클럽이 어깨 위에 떨어지면 정상이다.

16장 다운스윙이란?

백스윙이 탑다운 헤드가 이루는 최대호로 원을 그리듯이 대각하는 궤적을 말한다면, 다운스윙 속 으로 헤드이 다운부를 고정과 에너지를 만들어 내는 대로 것이다.

16-1 다운스윙 3가지 패턴

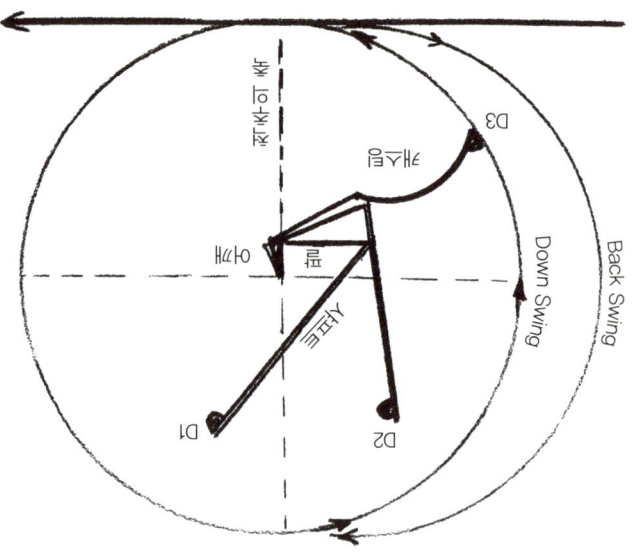

16-2 다운스윙의 종류

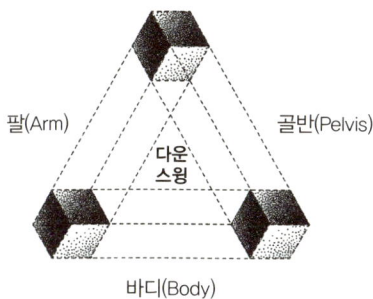

— 팔은 보우드(Bowed) 범위에 따라 슬롯(Slot) 각도가 결정된다.
— 바디란 광배근 쓰는 방법, 골반은 대둔근 쓰는 방법이다.
— 바디와 골반을 함께 사용하는 것이 복근(복지근) 사용법이다.

16-3 다운스윙 3대 요소

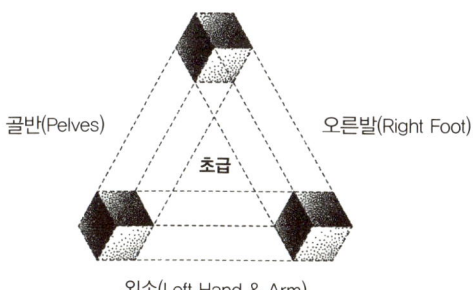

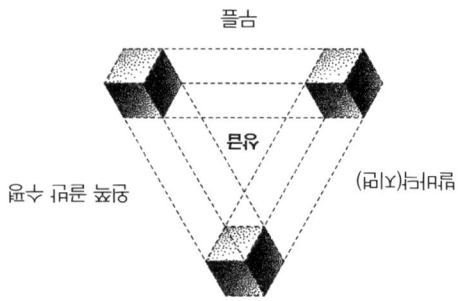

부품

영역 발달 수준   발달단계(시기)

수준

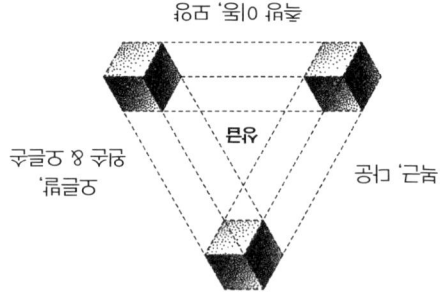

주발 이름, 모양

오른발, 왼발 &   녹는 기능
오른손

수준

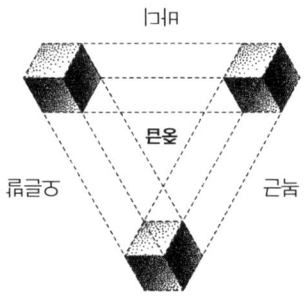

머리

오른발   녹근

중간

16-4 쇼트게임 다운스윙 3대 요소

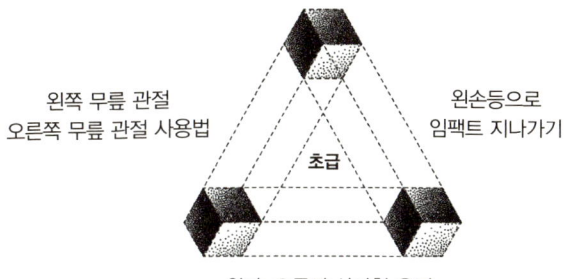

왼쪽 무릎 관절
오른쪽 무릎 관절 사용법

왼손등으로
임팩트 지나가기

초급

왼팔, 오른팔 삼각형 유지

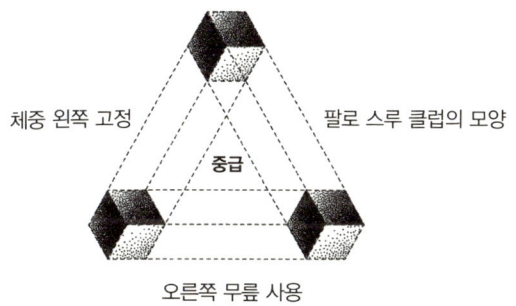

체중 왼쪽 고정

팔로 스루 클럽의 모양

중급

오른쪽 무릎 사용

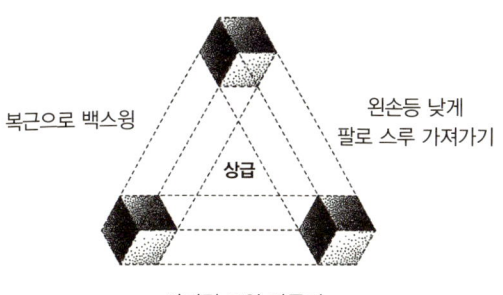

복근으로 백스윙

왼손등 낮게
팔로 스루 가져가기

상급

바디턴 모양 만들기

16-5 하체(lower body) 체중 이동(weight shft)

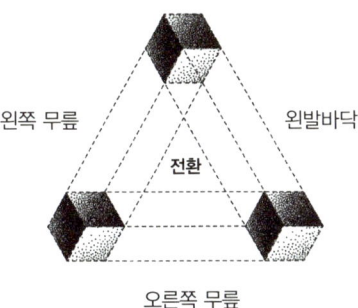

왼쪽 무릎　　　　왼발바닥

전환

오른쪽 무릎

— 왼쪽 무릎은 백스윙 중 많이 따라가서는 안 된다.
— 오른쪽 무릎은 백스윙 중 오른쪽 발바닥 안쪽에서 견디어야 한다.
— 바디와 두 팔은 클럽 회전 시 체중이 오른발 뒤에 올라가야 한다.

16-6 다운스윙 연습법

— 바디와 두 팔이 일체화되면서 왼쪽 무릎의 전환을 따라간다.
— 래터럴(Lateral, 옆쪽): 골반이 뒤쪽으로 빠지는 스윙 방지 연습.
— 다운스윙 시작점: 관성의 법칙 전환(transition)—순간 멈춤—멈춤 구분
　한다.
— 레이트 히팅 요소: 임팩트 존에서 손을 이동하는 구간을 줄이고 클
　럽헤드 이동 구간을 크게 하여 헤드 스피드를 높이는 것이다.
— 딜레이드 히트: 왼쪽 어깨뼈. 왼팔, 클럽이 일체가 되어 백스윙 톱
　에서 만들어진 상태를 유지하면서 최초의 어드레스 그립 위치까지
　내려오는 연습.
— 오른쪽 어깨—오른 손목—오른쪽 팔꿈치 앵글 연습.
— 얼라인먼트 스틱을 허리에 수평으로 차고 다운스윙 연습.

16-7 레이트 히팅 스킬

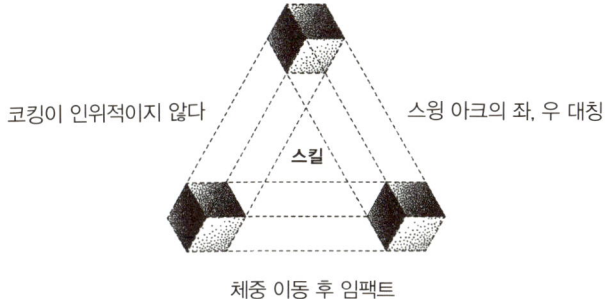

16-8 히터(Hitter) 다운스윙 순서

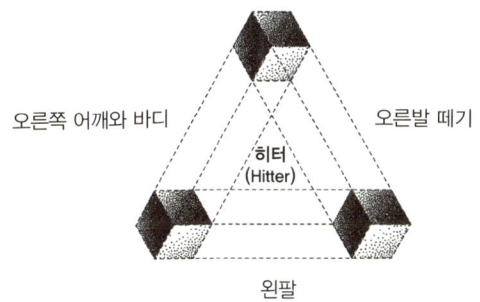

16-9 스윙어(Swinger) 다운스윙 순서

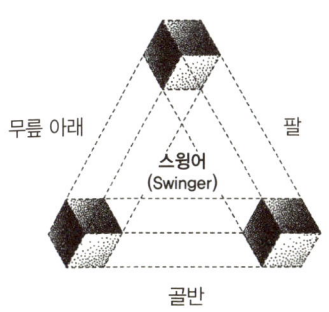

16-10 디운스윙의 정리

1) 클럽헤드 인사이드 들어오는 것이 좋다.

2) 스파인 앵글(Spine Angle) 유지.

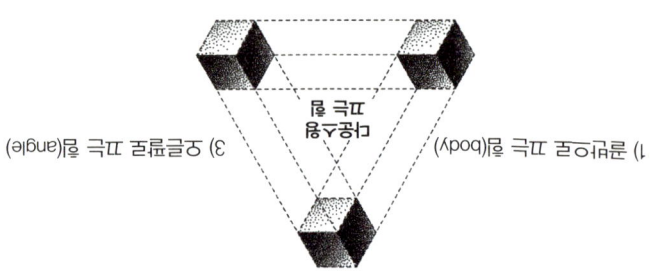

1) 척추중심(Vertebra)
2) 그립(Grips Right Hand Angle)
3) 골반대(Pelvis)

스파인 앵글
(Spine Angle)

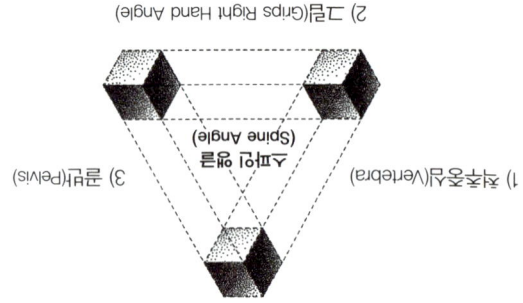

1) 공략방으로 가는 힘(body)
2) 임팩트로 가는 힘(cocking)
3) 오른팔로 가는 힘(angle)

다운스윙
가는 힘

3) 머리는 고정하고 왼쪽 골반 하체가 먼저 스윙한다. 오른쪽 어깨에 힘을 뺀 상태로 왼팔, 오른팔로 만들어진 삼각형을 변화 없이 내려와야 한다. 팔과 손이 하나가 되어 움직여야 한다. 백스윙 톱에서 만들어진 손목 코킹을 그대로 유지하면서 슬롯을 타야 한다.

4) 왼팔에 근력을 키워서 다운스윙 중 가속이 줄어드는 것을 막아야 한다. 오른발의 발바닥은 최소한 임팩트, 캐스팅 포인트, 어드레스 그립위치에 도달할 때까지 유지한다. 무릎에 높낮이를 인식하여 다운스윙 중에도 척추의 기울기를 유지하는 것이 중요하다. 시야는 임팩트 순간을 포착하기 위하여 집중하고, 뇌는 골퍼마다 단계에 맞는 생각(트리거)을 가진다.

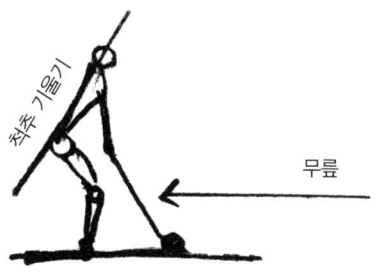

5) 샤프트는 그립과 함께 오른쪽 어깨선에서 슬롯을 타고 내려오며, 올바른 어택각에 진입할 때까지 오른발은 기다리는 것이 중요하다. 시야는 임팩트 순간을, 뇌는 목표와 볼의 비행각도 움직임 등을 이미지화, 하는 영상 샷 연습으로 골퍼만의 트리거를 찾는 것도 중요하다.

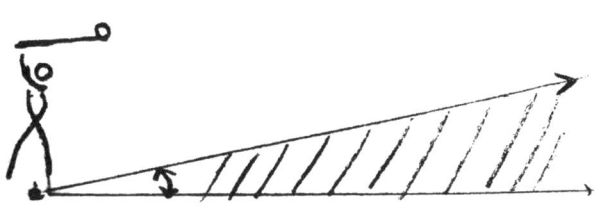

6) 다운스윙 래깅 현상은 클럽이 그립보다 지연되면서 손목관절 어깨관절의 휨으로 인하여 캐스팅 순간 임팩트에 도달할 때 속도가 극대화되어 반발력이 커지는 현상을 말한다. 래깅 현상 속에 딜레이드 히트를 극대화하는 것이 중요하다.

 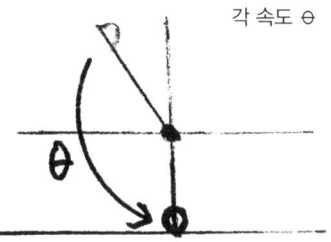

7) 백스윙은 클럽헤드-손-팔-바디-골반-하체 순서, 반대로 다운스윙은 하체-골반-바디 순서로 다운하고 바디-팔-손-클럽헤드 순의 왼쪽 축을 기준으로 한 선행과 후행으로 생기는 힘이다.

무릎 골반 하체부터 다운스윙은 시작된다. 이때 체중은 왼쪽으로 이동한다.

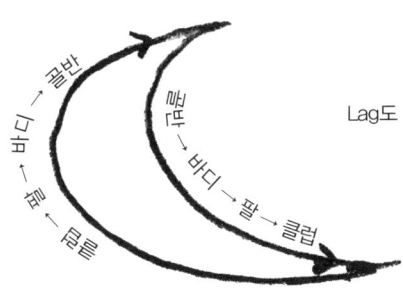

Lag도

8) 딜레이드 히트 현상은 그립이 허리에 도달할 때 클럽헤드가 오른쪽 어깨선 슬롯을 타고 대각으로 어깨높이에 있어야 한다. 바디가 먼저 회전할 때 오른쪽 팔꿈치가 오른쪽 옆구리를 스쳐가듯이 내려와야 하고, 이때 몸통 전체가 웅크리는 현상으로 머리가 그 자리에서 살짝 아래로 내려 오는 현상이 일어난다.

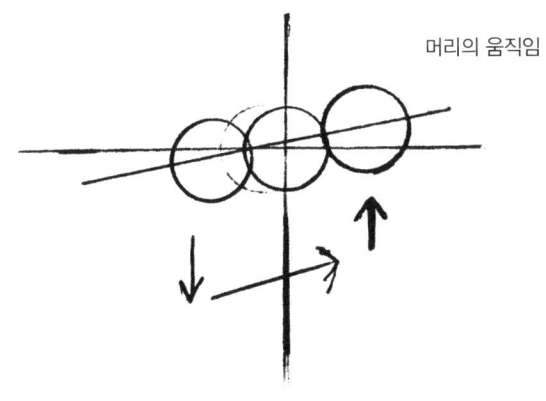

머리의 움직임

9) 초보자는 인—아웃 스윙으로 교습하는 것이 좋다. 골반은 목표 방향으로 회전하게 하고 배꼽이 목표를 향하게 한다. 다운스윙에서 오른쪽 어깨는 턱 밑으로 완전히 들어가게 릴리즈한다. 톱스윙 그대로 오른쪽 어깨부터 다운되면 손목의 코킹이 풀리지 않아 스윙 궤도가 좋아진다. 시선은 볼을 주시한다.

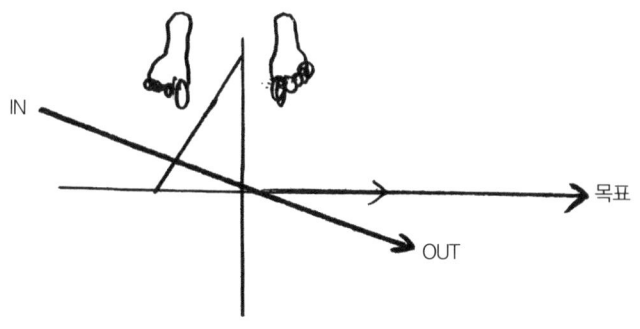

10) 양팔로 만든 삼각형 구조로 견고하게 하고 오른쪽 어깨는 당겨 내린다. 다운스윙 시작점 톱 트랜지션에서 잠깐 멈추는 느낌이 중요하다.

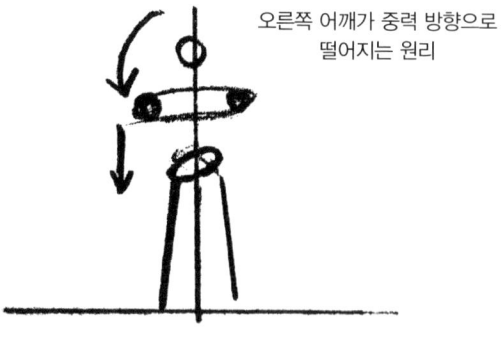

오른쪽 어깨가 중력 방향으로
떨어지는 원리

11) 올바른 근육 사용은 하체로 상체를 풀어주어야 한다. 허벅지(대퇴), 힙, 복근 힘으로 끌고 내려와야 한다. 왼쪽 어깨-골반-무릎-발바닥 4점으로 벽을 만들고 오른쪽 다리로 턴하는 힘으로 스윙한다.
    치핑의 경우 오른손 검지손가락 첫마디를 통하여 헤드 저항을 느끼면서 스윙한다.

12) 비행기가 좌측으로 돌면서 공항 활주로에 접근하는 이미지를 그리면서 오른쪽 어깨로 슬롯하고 어택각을 찾는 연습을 한다. 우에서 좌로 스윙하는 느낌이 아니라 뒤에서 앞으로 스윙하는 느낌이다.

13) 먼저 스윙속도(템포)를 만들고 리듬(가속도)을 만들어 주는 교습이 필요하다. 올라갈 때보다 내려오는 스윙 아크의 단면적이 작아지는 것은 압축을 의미하고, 몸의 에너지를 극대화할 수 있다.
그립 코킹을 유지하는 것은 최대의 라디안 헤드의 이동 거리를 만들어 내는 요인이다.

14) 다운스윙에서 오른쪽 어깨 높이에 따라 볼 비행 각도가 변하므로 일관성을 유지하는 스윙을 만드는 것이 중요하다. 슬롯&웅크림(Crouch) 자세를 만들어 근육의 힘을 극대화하는 것이 좋다.
임팩트 전까지 팔 그립은 사용하지 말아야 한다(Dead Hand).

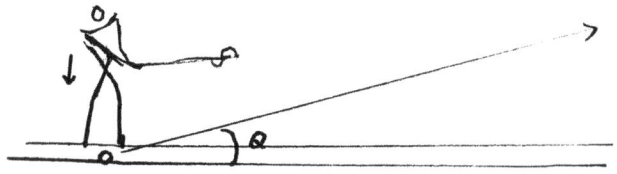

15) 왼쪽으로 연습하다 잘 되지 않으면 오른쪽 중심으로 생각한다. 최대한 하체 다리를 타깃 방향으로 밀어 속도를 낸다. 지면 반발력도 사용하는 것이 좋다. 오른쪽 팔꿈치는 땅 아래쪽 방향을 유지한다. 오른쪽 그립 손바닥이 지면을 향하면서 내려온다.

전환동작의 하나로 오른쪽 발바닥 바깥부터 지면에서 떨어진 다음 엄지발가락으로 연결되는 동작을 지도하는 것이 좋다.

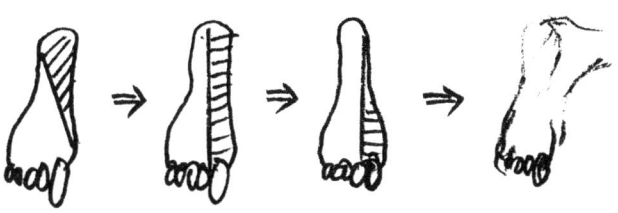

오른발바닥 압력변화

16-11 다운스윙 현상

— 왼팔 장력(근력)에 힘이 없으면 클럽 피팅을 다시 하는 것이 좋다.
— 백스윙에서 오른쪽에 힘이 들어가면 다운스윙 중 급발진 현상이 일어난다.
— 릴리즈가 중요한 이유는 다운스윙 때 클럽페이스가 열려 접근하는 현상 때문이다.
— 손목과 팔을 사용하면 캐스팅이 먼저 일어나 좋지 않다.
— 상체로 다운스윙을 시작하면 오버 더 톱이 일어나고 하체를 돌려 스핀하여도 같은 현상이 일어난다.
— 상체 바디턴 골퍼는 오버래핑 그립으로 Lag 현상이 짧아야 한다.
— 골반 하체턴 골퍼는 인터로킹 그립으로 Lag 현상이 길어야 한다.
— 다운스윙 시작부터 빨라지면 손목 사용으로 하이볼 원인이 되고 거리도 줄어든다.
— 다운스윙 골퍼의 가슴 돌출 범위는 볼 구질을 변화시키는 현상이다.
— 쇼트 아이언 샷에서 양쪽 어깨가 수평이 되면 클럽페이스가 가파르게 접근하는 현상이다.

16-12 연습방법

— 클럽이나 샤프트만 가지고 오른팔, 왼팔로만 스윙하는 연습.
— 왼팔로 고무줄 당기는 연습.
— 오른팔로 볼 던지는 연습.
— 스윙 방망이로 단계별 펌프 드릴 연습.
— 딜레이드 히트 연습기로 오른쪽 어깨 붙여서 내려와 슬롯 찾는 연습.
— 두 손으로 드라이버 잡고 서서 골반 돌리기 연습.
— 고무 밴드 등 경갑골에 펼쳐 두 팔 벌려 교차스윙 연습.
— 오른손으로 왼손 엄지 잡고 다양한 손목 코킹 연습.

17장 임팩트란?

클럽헤드가 톱에서 고도가 낮아져 임팩트 라인에 접근하여 볼을 타격한 후 클럽패스 구간에서 다양한 어택각(Attack Angle)으로 런치앵글이 만들어지고, 볼은 그루브와 클럽페이스 앵글 즉, 다이나믹 로프트로 여러 종류의 스핀 현상으로 목표를 향해 골퍼가 원하는 영상으로 에너지를 전달하는 순간이다.

17-1 임팩트 3대 요소

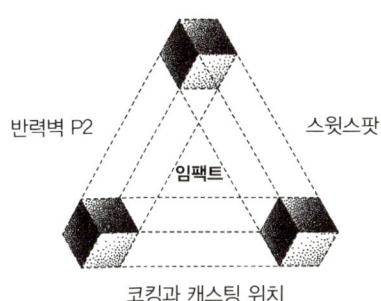

— 반력벽 P2(쇼트게임 왼쪽 발바닥 압력) = 임팩트 순간 모양(자세).
— 코킹과 캐스팅 위치(클럽 바운스가 지면에 도달하는 지점) = 두 팔 펴기(Release).
— 클럽페이스 중앙(스윗스팟) = 척추의 기울기 유지와 연습량.

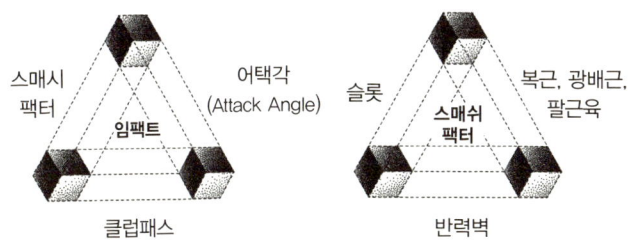

— 스매시 팩터는 볼 스피드를 클럽 스피드로 나눈 값이다.
— 클럽패스는 클럽헤드가 접근하는 각도와 나가는 방향이다.
— 어택각은 바운스 저점으로써 골퍼의 척추 축에 따라 변하는 각이다.

17-2 바운스 자세(Attack Angle)

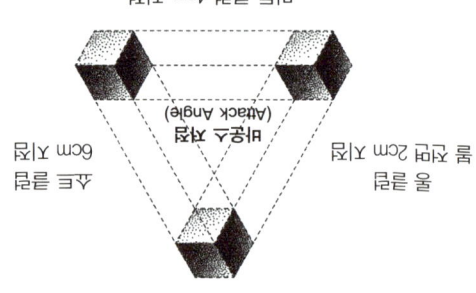

슈트 클럽
6cm 지점

바운스 자세
(Attack Angle)

롱 클럽 2cm 지점
미들 클럽

미들 클럽 4cm 지점

Launch Angle

Attack Angle

슈트
미들
Ball

6cm
4cm
2cm

43mm

17-3 드라이버 바운스 저점

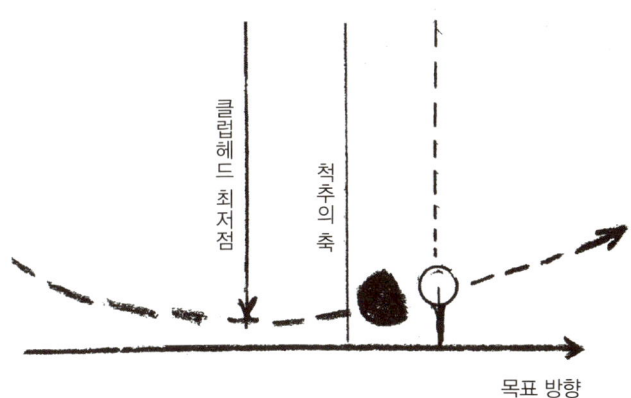

목표 방향

— 백스윙 중 스웨이(Sway) 현상은 임팩트 타이밍을 잡기가 힘들어 진다.
— 왼팔, 왼손이 늦어져 몸 상체가 앞으로 따라가는 슬라이드(Slide) 현상은 클럽페이스가 열리고 어택각이 높아지는 원인이다. 반대로 행인 백(Hanging Back) 현상 또한 임팩트에 영향을 준다.
— 특히 리버스 스핀 앵글(Riverse Spine Angle) 현상은 임팩트에 가장 좋지 않은 현상이다.
— 클럽 종류에 따라 캐스팅(Casting) 위치는 변하고 위치에 따라 어택각이 결정된다.

17-4 임팩트 포지션과 포스트 임팩트 포지션이란?

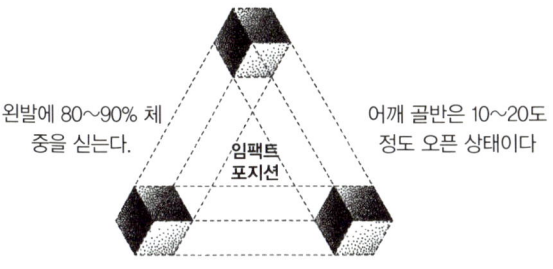

왼발에 80~90% 체중을 싣는다.

임팩트 포지션

어깨 골반은 10~20도 정도 오픈 상태이다

샤프트 10~20도 정도 기울어져 있다

위 3가지는 드라이버를 제외한 포지션이다.

17-5 포스트 임팩트 포지션

― 오른쪽 등 날개뼈와 오른팔, 오른손으로 쭉 밀어주는 동작이다.
― 왼발에 90~100%의 체중이 실리도록 한다(드라이버 제외).
― 삼각형 또는 Y자가 전면을 보고 있어야 한다.
― 특히 장타를 치려면 두 팔을 최대한 펴야 한다.
― 오른쪽 골반을 왼쪽으로 과도하게 돌리면 궤도가 비틀어져 힘이 들어간다.
― 클래식 스윙 즉, 플립은 80년대 스윙으로 클럽헤드가 너무 많이 돌아가 방향성이 떨어진다.

17-6 복근 힘 사용하는 방법

— 클럽헤드를 던지는 느낌으로 스윙하고 복근은 당겨서 스윙한다.
— 테이크 어웨이 1, 2, 3과 백스윙 톱 포지션은 천천히 하고, 톱에서 잠깐 멈춘 뒤 다운스윙 시작은 복근으로 한다.
— 하체, 복근, 팔 3가지로 나누어서 다운스윙한다.
— 하체를 지탱하고 복근의 힘으로 돌리고 바디, 팔, 그립의 힘을 빼야 한다.
— 하체 골반을 과도하게 밀거나 돌리면 복근을 사용할 수가 없다.
— 드라이버는 오른쪽 다리 대퇴에서 던지는 동작이 나오기 때문에 머리가 낮아지고 오른쪽 옆구리가 압축되어 말리는 자세로 복근을 당긴다.
— 슬롯이란 백스윙 톱에서 골퍼의 스윙 계도를 이탈한 그립과 샤프트 클럽헤드를 스윙 계도 안으로 접근하여 타고 내려오는 동작으로 이때 앵글 힌지점을 유지하면서 복근을 사용해야 한다.

17-7 스윙 템포 차이

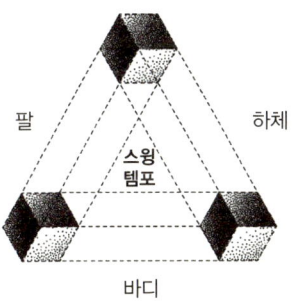

— 아마추어는 팔힘으로 프로는 하체 리더와 바디 힘으로 스윙한다.
— 아마추어는 급한 반면 프로의 손은 따라만 다닌다.

17-8 임팩트 연습 방법

— 임팩트 가이드백 치기.
— 두 팔 펴기(팔, 그립 방향).
— 바운스로 동전 치기.
— 바운스로 선 지우기.

17-9 클럽페이스 접근 각도(Angle of attack)

어택각(Attack Angle)은 임팩트에 가장 큰 변화를 가져 오는 요인이다.

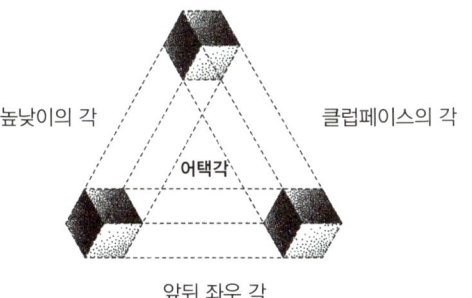

17-10 볼의 발사 각도(Launch angle)

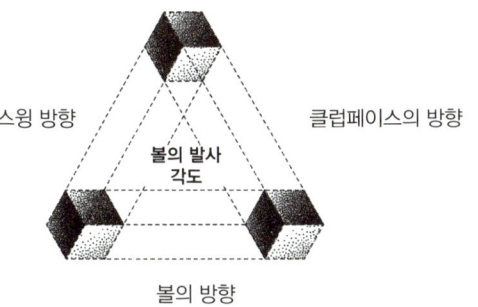

스윙 궤도는 볼 출발 방향에 더 많은 영향을 미치지만, 클럽페이스보다 영향이 적다.

17-11 임팩트 3장면

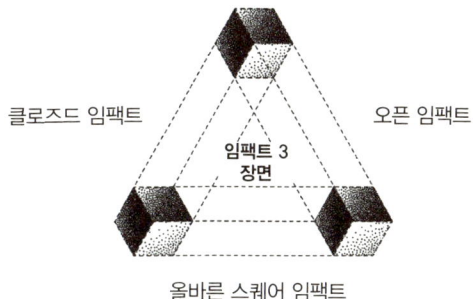

스쿠핑이란: 다운스윙 시 레그를 느끼지 못하고 클럽헤드가 먼저 나가는 현상이다.

거리와 정타율

거리(L) = 질량(m) x 가속도(g).

거리(L) = 볼 스피드(v1) x 발사각(sin2).

볼 스피드 = 스윙 속도 x 스매시팩터(정타율).

정타율 = 로딩, 언로딩 중 샤프트의 디플렉션 크기(휨 모멘트) 즉, 샤프트의 강성(CPM)에 따라 변한다.

※ 정타율을 높이기 위한 연구
1. 스윙 궤도.
2 샤프트의 강성과 비틀림.
3. 헤드 무게와 편심.

17-12 임팩트 정리

1) 볼이 클럽에 맞는 순간을 임팩트라 한다. 아주 짧은 시간에 일어나는 현상이라 골퍼가 인위적으로 통제하는 것은 어렵다. 또한 임팩트 순간 클럽페이스에 맞는 위치(스윗스팟)는 거리와 방향을 결정하는 가장 큰 원인이므로 집중력이 필요하다.

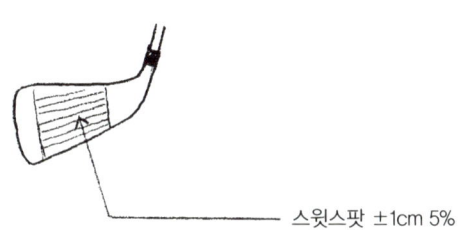

스윗스팟 ±1cm 5%

2) 임팩트는 몸 안에서 일어나야 한다. 볼의 간격이 몸에서 멀어지거나 너무 가까워지면 힘을 볼에 전달하기 어렵다.

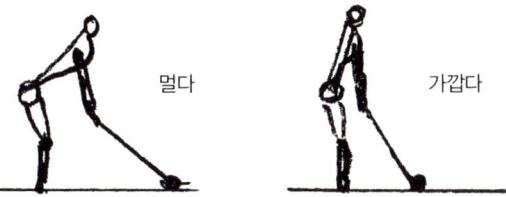

멀다   가깝다

3) 셋업 상태의 머리 위치에 따라 임팩트 축은 변한다.

4) 클럽의 종류와 스윙 크기, 볼의 위치에 따라 임팩트 축이 변하고 볼 방향도 변한다.

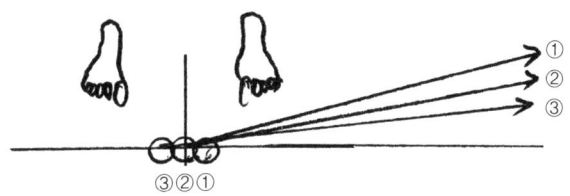

5) 임팩트 순간 클럽페이스 그루브 사이에 잔디 삽입 현상으로 거리 회전량은 변한다.

6) 임팩트 후 디벗은 클럽 리딩 엣지가 지면에 도달할 때 일어나는 현상으로 얇게 일어나는 것이 좋고 볼 앞쪽에서 일어나는 것이 좋다.

7) 임팩트 순간 두 팔이 펴지고 셋업 상테에서 왼손등의 위치는 임팩트 순간에도 같아야 일정한 볼의 구질을 만들 수 있다. 왼손 방향은 볼 비행선을 향해야 한다. 또한 힘을 모으고 에너지 손실을 줄여야 한다. 임팩트 후 클럽 릴리즈 길이가 10cm 이상 직선으로 나가면 방향 성도 좋아진다.

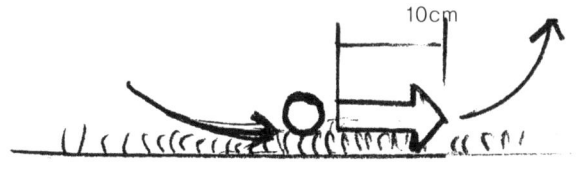

8) 머리와 척추 기울기는 고정하고 시야는 볼을 보고 있어야 한다. 풀 스윙에서 머리는 임팩트 위치보다 뒤쪽에 있어야 한다. 왼쪽 겨드랑 이는 붙이고 두 팔은 펴야 한다.

9) 엉덩이와 무릎에 힘을 주고 턱을 들지 않으면 척추의 기울기는 변하지 않는다. 드라이버샷은 임팩트 순간 티팩이 튀어 오르는 방향을 본다.

10) 오른쪽 어깨가 턱 밑으로 들어와 누르는 동작이 만들어져야 한다. 임팩트는 가슴 앞에서 박수를 쳐보면 손목의 힘 빠진 소리와 힘 들어간 소리가 현저히 달라진다. 손에 힘이 빠지면 가장 큰 소리가 난다.

11) 목표 방향에 대한 전환동작은 퍼팅, 어프로치, 풀스윙이다. 결국 왼팔로 힘을 가하는 것이 아니라 왼팔은 헤드 방향만 제시하는 동작으로 오른쪽 어깨, 오른팔, 왼쪽 가슴 조임, 왼손 언코킹, 왼팔 로테이션으로 힘을 만드는 것이다. 마치 왼팔이 오른팔을 펼 수 있는 것처럼.

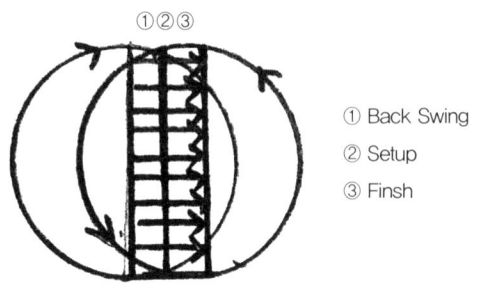

① Back Swing
② Setup
③ Finsh

12) 볼을 띄우는 방법으로 클럽페이스 접근 각도를 다운블로(Down Blow)로 내려쳐야 한다. 드라이버를 제외한 대부분에 샷들은 임팩트 순간 두 손의 위치가 볼 보다 앞에 있어야 한다.

13) 왼쪽 발바닥-무릎-어깨로 벽을 만들어야 한다. 체중은 왼발에 95% 전달한다. 상체가 표적 방향으로 밀리지 않도록 한다. 오른쪽 어깨를 떨어뜨려 낮추어야 한다. 척추의 축은 어드레스 상태로 최대한 유지한다.

14) 임팩트 후 릴리즈와 로테이션 현상으로 손목이 회전한다. 몸으로 스윙하는 동안 시선은 볼에 클럽페이스가 지나는 것을 주시한다. 백스윙이 좋으면 임팩트도 좋아진다.

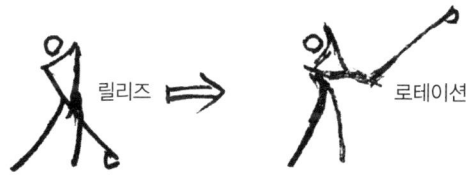

15) 클럽페이스로 볼을 치는 것이 아니라 목표 방향으로 지나가면서 어택각에 따라 임팩트는 자연스럽게 일어난다.

17-13 임팩트 현상

— 임팩트 순간 왼쪽 무릎이 살짝 굽어 있으면 임팩트 라인 클럽헤드
   가 낮고 길게 빠져 나간다.
— 왼쪽 팔이 굽으면 클럽페이스가 들려 리딩에 맞고 열리게 된다.
— 골반은 골퍼의 스윙 종류에 따라 변하지만, 10~30도 정도 회전하
   는 것이 상체 꼬임이 커져 임팩트 순간 상하 풀림이 최대가 된다.

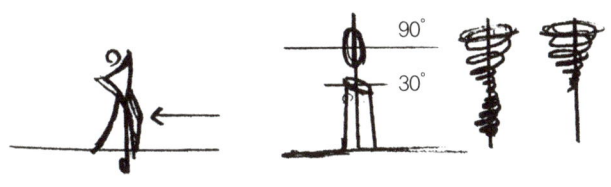

— 중심 이동(머리 포지션)은 유연성에 따라 머리 위치가 중요하다. 유
   연성이 떨어지면 머리 위치는 7번 아이언 백스윙 때 볼 뒤로 따라
   갔다가 임팩트 순간 머리도 함께 볼 위치 앞으로 오게 된다. 이러한
   현상은 일반인 골퍼에게서 많이 볼 수 있는 현상이다.

18장 팔로 스루란?

임팩트 후 릴리즈와 로테이션 높은 피니시 시작점까지를 말하며, 스윙 스피드 즉 원심력에 견디는 영역이다.

18-1 팔로 스루 3지점 변화

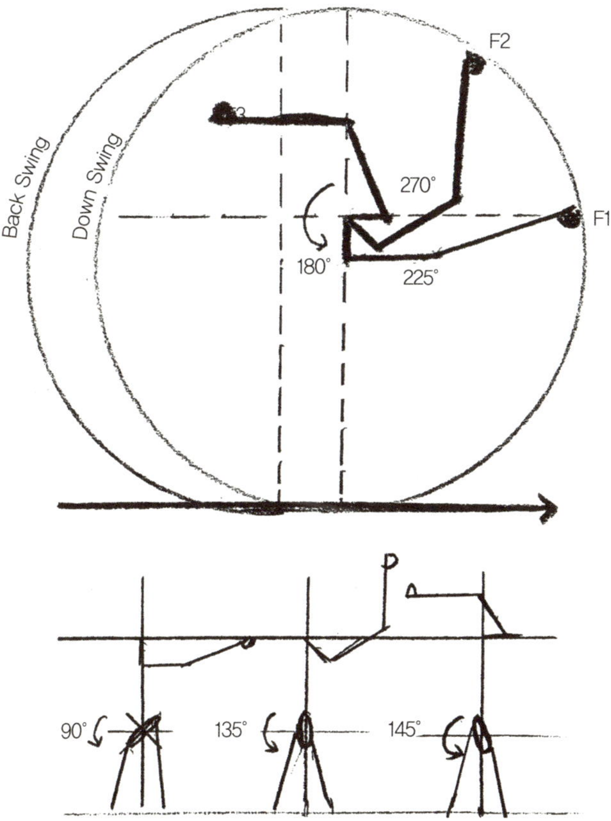

18-2 팔로 스루의 3대 요소

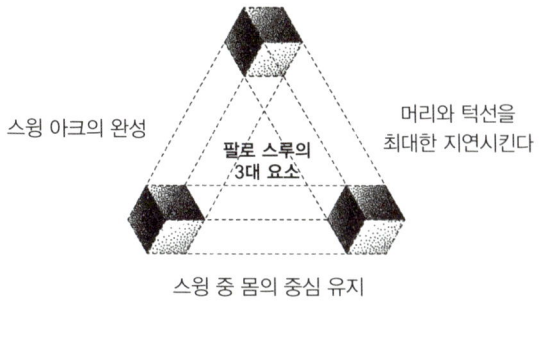

스윙 아크의 완성

**팔로 스루의
3대 요소**

머리와 턱선을
최대한 지연시킨다

스윙 중 몸의 중심 유지

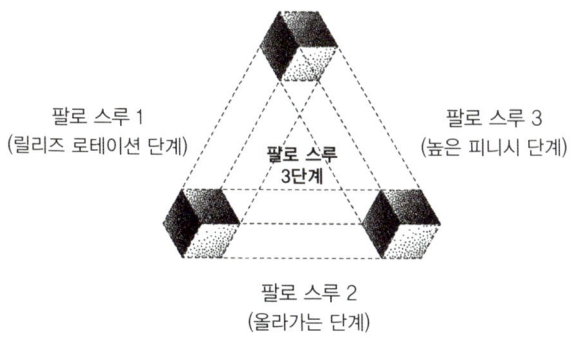

팔로 스루 1
(릴리즈 로테이션 단계)

**팔로 스루
3단계**

팔로 스루 3
(높은 피니시 단계)

팔로 스루 2
(올라가는 단계)

1) 팔로 스루 1(릴리즈 로테이션 단계): 시선은 지나간 볼 위치를 보고 최대한 표적 방향으로 팔을 뻗는 동작. 왼팔이 오른팔 위에서 아래로 로테이션시키고 두 손은 왼발 앞에 위치하여 두 팔이 펴져 있는 동작.

2) 팔로 스루 2(올라가는 단계): 오른발이 떨어져 바디가 완전히 휘는 단계로써 클럽을 받는 왼손, 왼팔이 회전하지 않고 등 너머 대각선으로 올라가는 동작으로 스윙아크를 크게 만들어 주는 동작이며 광배근을 사용하게 되는 동작이다. 이때 두 팔꿈치는 모아 최대한 머리 위로 놀이 올려주는 동작.

3) 팔로 스루 3(하이 피니시 단계): 팔로 스루 2에서 회전하지 않고 코킹된 그립을 머리와 왼쪽 어깨 위로 두 팔을 펴서 넘기는 동작으로 바디의 꺾임으로 만들어지는 동작.

4) 피니시 4(피니시 단계): 배꼽과 바디는 전면, 두 손목 코킹 단계로 왼팔은 90도가 좋고 클럽은 360도 이상 돌아 목표 반대쪽을 보고 오른쪽 어깨가 최대한 낮은 상태로 중심을 유지하는 상태로 체중은 왼발 뒤쪽에 올려 두고 오른 다리는 펴서 오른발 엄지발가락으로 왼쪽 축이 견딜 수 있도록 도와준다. 골퍼의 인체와 코치의 영향으로 다양한 피니시 전 동작을 취한다.

18-3 팔로 스루 3가지 느낌

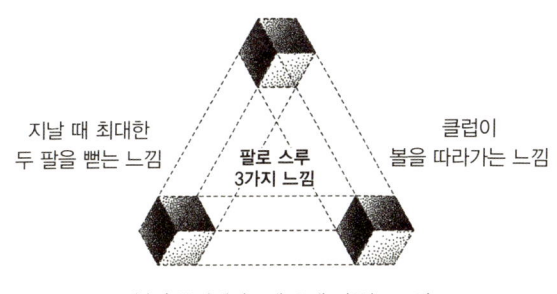

― 팔로 스루는 낮고 크게 하면 느낌이 좋다.

18-4 팔로 스루 정리

1) 가능하면 크게 한다. 팔로 스루가 크면 스피드도 빨라진다. 자연스런 오른손, 왼손 릴리즈와 로테이션 동작이 요구된다. 양팔을 완전히 펴주는 동작이다. 스윙 아크를 최대한 크고 길게 만들기 위하여 낮고 길게 팔로 스루 하는 것이 좋다.

2) 오른손으로 왼손 엄지손가락를 감싸서 로테이션해야 한다. 오른팔은 왼팔 위로 올라와 X자로 교차한다. 전면에서 위쪽 뺨이 보이도록 머리 위치를 잡아준다. 클럽과 샤프트는 표적 방향을 향하게 한다.

3) 임팩트 전 엉덩이 골반 회전은 왼쪽 무릎이 구부러진 상태에서 펴지는 과정이 자연스럽게 일어나야 한다. 다운스윙 래깅 현상으로 손, 그립 먼저 볼 위를 통과하고 임팩트 후 클럽페이스는 볼을 따라간다. 이때 왼쪽 겨드랑이는 조이고 머리는 볼 후방에 두고 오른팔은 최대한 펴서 스윙 아크를 크게 만든다.

왼쪽 겨드랑이 조인다

4) 팔로 스루 2 위치에서 왼쪽 겨드랑이를 몸에서 떨어트리는 연습을 한다. 임팩트 이후에 왼팔의 장력으로 왼쪽으로 로테이션이 일어나야 순간 파워를 계속 가져갈 수 있다.

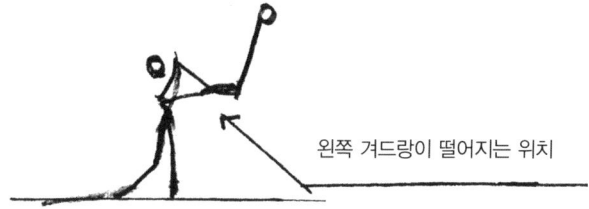

왼쪽 겨드랑이 떨어지는 위치

5) 몸통 전체가 웅크리다 펴는 동작, 백스윙–골반 누르고–던지고 중 던지는 동작이다. 앞에서 보면 스윙 축 왼쪽 아크로 원심력에 견디는 영역이다.

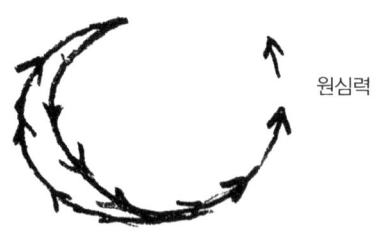

원심력

6) 백스윙 1 반대 각에서 골퍼의 키에서 1m를 뺀 각도까지 두 팔을 펴서 릴리즈한 다음 로테이션으로 팔로 스루 2 지점까지 찾아가는 동작이 중요한 위치이다. 오른팔은 낮게 목표 방향으로 악수를 내밀듯이 릴리즈한다. 머리는 임팩트 이후 팔로 스루에서 릴리즈 로테이션 지나 팔로 스루 2에서 목표 방향으로 돌린다.

오른쪽 발 또한 팔로 스루 2에서 떨어져 엄지발가락으로 서게 된다.

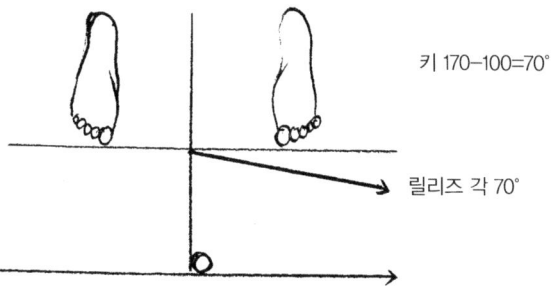

키 170-100=70°

릴리즈 각 70°

7) 골퍼는 왼팔 스윙 각도를 만들어 왼쪽 극하근 광배근을 최대한 사용한다. 왼손 중지에서 새끼 그립, 오른손 엄지와 검지 견고하게 잡아야 한다. 오른팔은 힘을 빼고 목 아래로 들어가 끼는 느낌이 들지 않도록 바디턴해야 한다.

18-5 팔로 스루 현상

— 머리 움직임 방향은 클럽헤드 속도를 느리게 한다.
— 스쿱이란 오른 손목을 써서 빨리 꺾는 것이다.
— 원심력에 견디지 못하고 몸이 앞으로 넘어지는 현상을 잡아야 한다.
— 임팩트 후 릴리즈 로테이션 다음, 왼쪽 손목을 꺾어 높이 들면 머리
  와 몸이 나가는 것을 방지할 수 있다.
— 팔로 스루 중 그립과 밀착된 손의 압력에 변화를 주면 암(arm) 스윙
  으로 변하는 원인이 된다.
— 릴리즈 구간에서 왼팔이 굽거나, 로테이션 구간에서 왼팔을 당기면
  치킨윙의 원인이 된다.
— 골퍼의 유연성에 따라 스윙 아크, 팔로 스루의 각은 변한다.
— 팔로 스루 2에서 머리와 시야를 돌리지 않으면 완전한 전환이 일어
  나지 않는다.

18-6 연습방법

— 팔로 스루 영역 스윙하기.

①   ②   ③

— 오른팔로만 스윙하기.
— 왼팔로만 스윙하기.
— 두 손으로 핸드볼 던지기.
— 하나에 바디턴 둘에 하이 피니시.
— 하이 피니시 그립 위치와 머리 사이의 간격을 넓게 하는 운동.
— 두 팔꿈치 모으는 운동.
— 왼 손목과 왼 팔꿈치를 꺾어 돌리는 운동.

19장 피니시란?

피니시 동작은 스윙 아크 크기 즉, 컨트롤 스윙과 트러블 스윙에 따라 여러 가지가 있다.

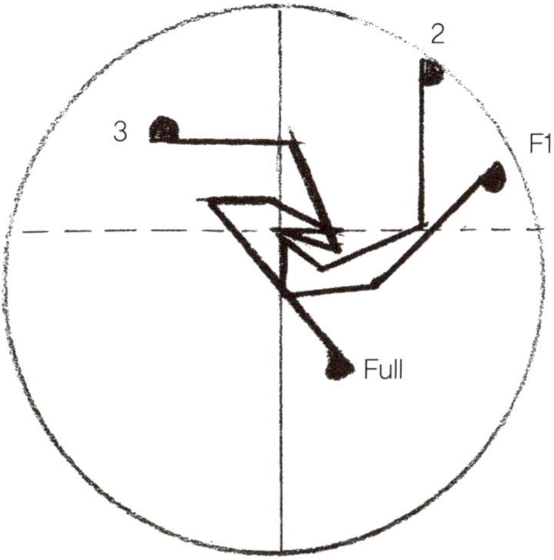

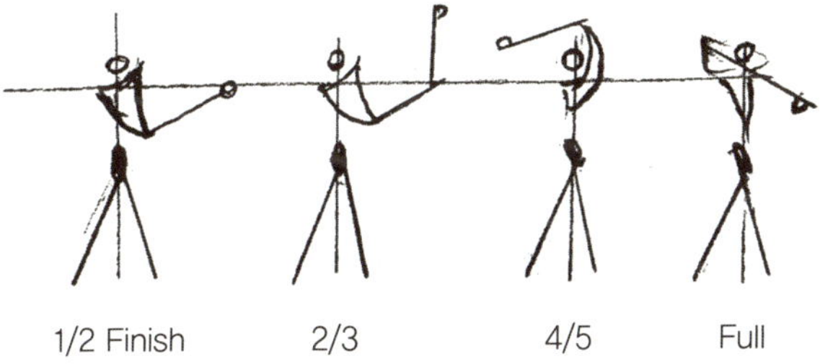

배꼽과 바디는 전면, 두 손목은 코킹 단계로 왼팔은 90도가 좋고 클럽은 560도 회전하여 풀스윙 2와 같이 목표 방향을 보고 오른쪽 어깨가 최대한 낮은 상태로 체중은 왼발 뒤쪽에 올려 중심을 잡고 오른 다리는 펴서 오른발 엄지발가락으로 왼쪽 축이 견딜 수 있도록 도와준다.
피니시 자세는 처음 어드레스 상태의 척추 기울기를 유지하는 것이 좋다.

19-1 피디사 3대 요소

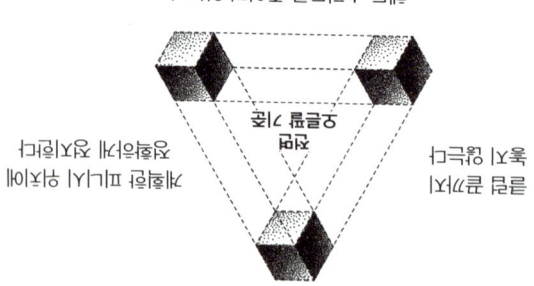

헤드 스피드를 높이지 않는다

공질 펀치 가까지 동치 않는다

제대로 피디시 않는데 임펙트이 순간에 오지 않는다

정확 오른팔 7시

19-2 피니시 정리

1) 시선은 표적 방향을 바라본다. 배꼽은 표적 방향을 본다. 왼발에 체중의 95% 이상이 가게 한다. 등 척추의 기울기를 셋업 상태로 유지하고 등은 처음 볼 위치를 보도록 한다. 왼팔 축이 지면과 수직을 이루게 하고 체중을 지탱한다.

2) 어깨가 배보다 뒤쪽에 오도록 한다. 오른쪽 발바닥을 직각으로 세워 엄지발가락으로 곧게 서는 것이 좋다. 오른쪽 무릎을 왼쪽 무릎에 붙이거나, 곧게 펴거나 둘 중 한 가지를 선택한다.

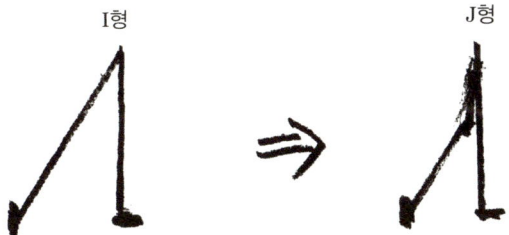

3) 모던스윙은 오른쪽 무릎을 펴는 i형 피니시를 선호하는 선수가 많다.
샤프트는 목 중간 지점에 오도록 한다.
팔로 스루에서 피니시 동작까지 한 동작이어야 한다. 리듬 스윙으로
가속이 떨어지면 안 된다. 이때 몸 모양은 역C에서 J나 I자 자세가
좋다. 무릎 펴는 I형.

4) 피니시 동작은 평소 사용하지 않는 바디 턴으로 일관성 있는 모양을
만든다. 바디 턴의 유연성에 따라 클럽 피니시 위치가 결정된다. 그
립은 잡고 있는 클럽보다 높아야 한다.

5) 피니시 동작 중 클럽 샤프트가 등이나 목에 닿지 않고 바디 턴을 하는 연습이 필요하다. 과도하게 오른팔이 굽는 것은 좋지 않다. 오른쪽 다리를 펴서 왼쪽 축이 밀리는 현상을 잡고 중심축을 견고하게 한다.

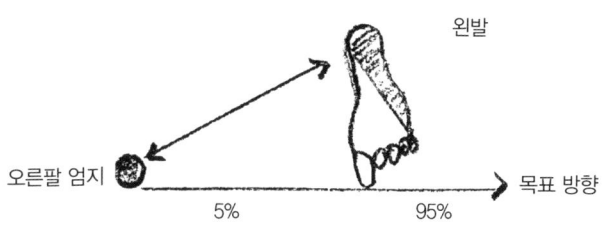

6) 하이 피니시 지점을 지나서 왼팔의 각도를 90도로 만드는 것이 좋다. 머리는 스윙 축 중심 왼발 위에 있고 머리에서 척추선이 같아야 한다. 시야는 볼과 목표를 주시하는 것이 좋다.

20. 파워게임이란?

일반적으로 드라이버, 우드, 하이브리드, 롱 아이언 샷을 말한다.

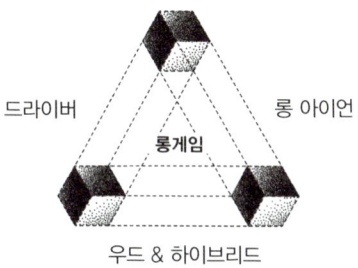

드라이버 .... 롱 아이언
롱게임
우드 & 하이브리드

20-1 드라이버 샷

― 드라이버 샷 티잉 그라운드 행동 루틴 3대 요소.

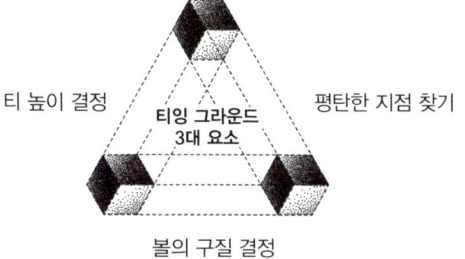

티 높이 결정 .... 평탄한 지점 찾기
티잉 그라운드 3대 요소
볼의 구질 결정

20-2 앞바람 드라이버 샷

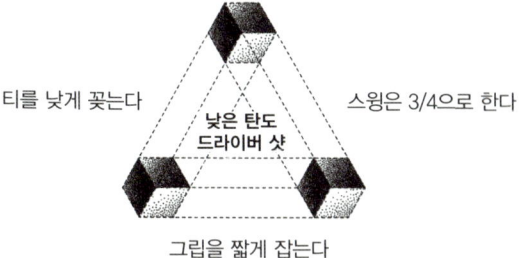

티를 낮게 꽂는다 .... 스윙은 3/4으로 한다
낮은 탄도 드라이버 샷
그립을 짧게 잡는다

180

20-3 초급 중급 드라이버 공식

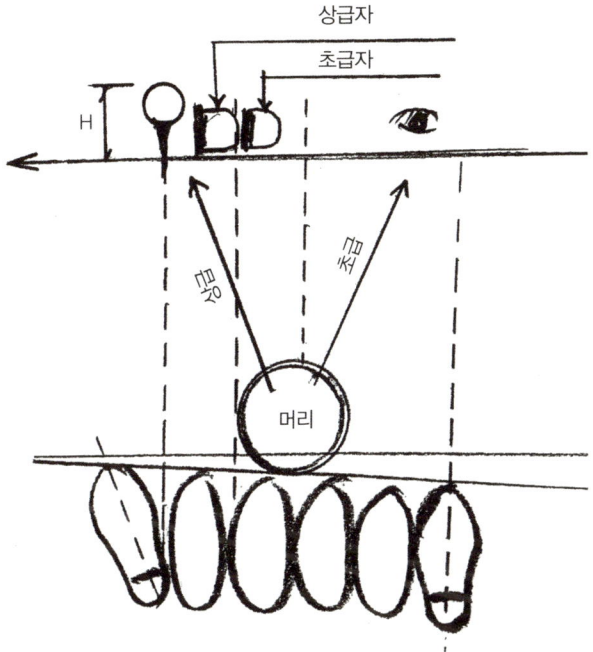

― 볼 위치는 왼발 엄지발가락 앞, 드라이버 헤드는 볼 뒤쪽 10cm, 시야는 오른발 엄지 앞, 볼에서 30cm 후방, 머리는 스탠스 가운데 둔다(연습법).

20-4 드라이버 주의점

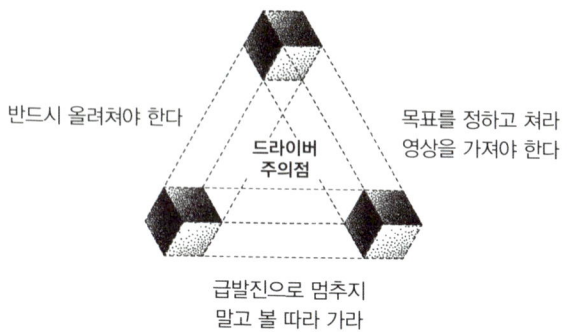

20-5 우드 & 하이브리드

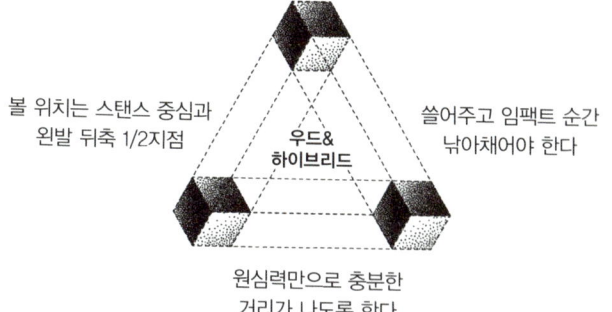

20-6 롱 아이언

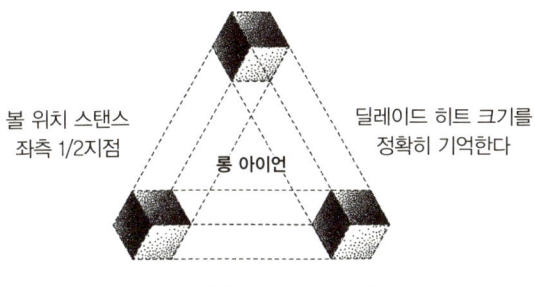

— 볼 마구누스 현상이란: 볼이 회전하면 볼 위쪽 압력이 높아져 유속이 빨라지고, 아래쪽 압력은 낮아져 유속이 느려지는 현상으로 딤플의 크기와 깊이로 회전속도를 조절한다.

20-7 파워게임 정리

1) 백스윙 중 오른쪽 어깨와 가슴에 힘이 들어가서 발생하는 치킨윙 현상을 방지해야 한다.
2) 백스윙 톱을 만들 때 상체는 보내주고 하체가 이끄는 대로 따라와 주는 것이 좋다.
3) 다운스윙 임팩트 순간에 왼쪽 무릎을 펴서 지반을 이용하는 전환동작이 파워를 만들어 낸다.
4) 복근을 당겨 왼쪽 대둔근을 크게 만들어 왼쪽으로 이동하는 것이 좋다.
5) 일관된 루틴(Routine)은 가장 좋은 스윙을 만들어 낸다.
6) 전환의 크기를 측정하면서 스윙 아크는 타원이 되어야 한다.
7) 스트롱 그립이 좋은 이유는 팔로 스루에서 로테이션이 자연스럽게 일어나 근육에 힘 전달이 용이하기 때문이다.
8) 오른손 V자는 오른쪽 어깨 방향이고 왼손 V자가 왼쪽 뺨에 오게 한다.
9) 그립 끝부분 1인치 아래로 내려 잡으면 백스윙 톱에서 흔들림이 줄어든다.
10) 왼손가락 3, 4, 5번의 힘으로 그립을 밀착시키고 클럽헤드 리딩에지와 일체화한다.
11) 오른손가락 엄지와 검지는 같은 길이로 그립을 잡아 백스윙 톱에서 빠지지 않도록 한다.
12) 핑거 그립은 손가락 끝에 대각으로 두고 잡는 것이 좋다.
13) 스탠스는 평소보다 5~10cm 넓게 취한다.
15) 체중은 오른발에 6, 왼발에 4를 취한다.
16) 백스윙 톱에서 체중은 오른발 뒷굽 안쪽에 두어야 한다.
17) 백스윙 중 하체 골반 회전을 최대한 줄인 상태로 고정하여야 한다.
18) 반드시 올려쳐야 클럽페이스의 각도가 0도가 되어 가장 멀리 날아간다.
19) 임팩트 후 볼을 따라 계속 지나가는 느낌으로 팔로 스루 아크를 높게 만들어 피니시에 도달한다.
20) 리듬과 템포 가지고 임팩트 타이밍을 맞추어야 파워가 최대가 된다.
21) 언제나 목표를 정하고 백스윙 중 영상을 가지고 목표 지점으로 쳐야 한다.
22) 원피스 테이크 어웨이: 바디-손-어깨-클럽이 한 동작으로 움직이는 것을 말한다.
23) 긴 클럽들의 전환&딜레이드 히트&꼬임에서 힘이 결정된다.
24) 티를 낮게 꽂고 톱볼을 치면 20%의 거리가 줄지만 정확하게 임팩트 되면 방향성이 좋아지고 런이 길어진다.

20-8 드로우 구질 만들기

— 스탠스는 목표보다 오른쪽을 취한다.
— 클럽페이스를 목표 방향으로 맞춘다.
— 볼은 평소 위치보다 왼쪽에 둔다.
— 다운스윙 궤도를 인사이드-아웃사이드로 스윙한다.
— 임팩트 후 손목 릴리즈를 확실하게 한다.
— 전환과 피니시를 끝까지 가져가 스윙 아크를 크게 만든다.
— 클럽헤드를 낮게 길게 백스윙한다.
— 릴리즈 후 로테이션으로 왼팔보다 오른팔이 위에 있도록 유지한다.
— 팔로 시 클럽을 들지 말고 바디-어깨, 즉 복부 턴으로 회전한다.
— 오른쪽 무릎은 고정시킨다.
— 왼팔, 오른팔은 당기지 말고 몸통 스윙으로 밀어야 한다.
— 최대한 목표 방향으로 두 팔 뻗어 준다.
— 팔로 스루 동작에서 왼쪽 팔꿈치가 지면을 보게 한다.
— 시선은 처음 볼 위치를 본다.
— 어깨, 손목과 상체의 힘을 최대한 빼야 한다.
— 어드레스 전 왜글 동작으로 손목 힘을 빼야 한다.
— 어드레스 동작 시 정지 시간이 길지 않게 바로 스윙한다.
— 복근 운동을 하면 거리가 늘어난다.

21장 쇼트게임이란?

각기 다른 상황에서 여러 가지 도구를 사용하는 운동으로 창의력과 집중력이 극도로 요구되는 게임이다.

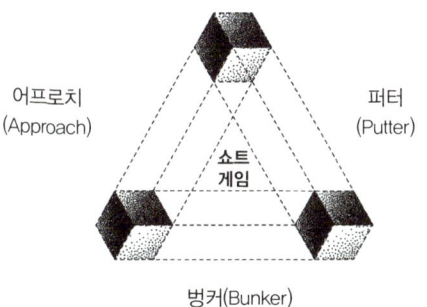

21-1 쇼트게임 포인트

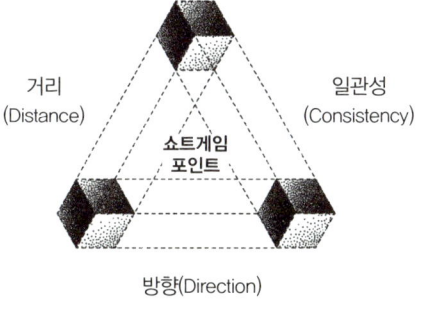

21-2 어프로치샷 기술

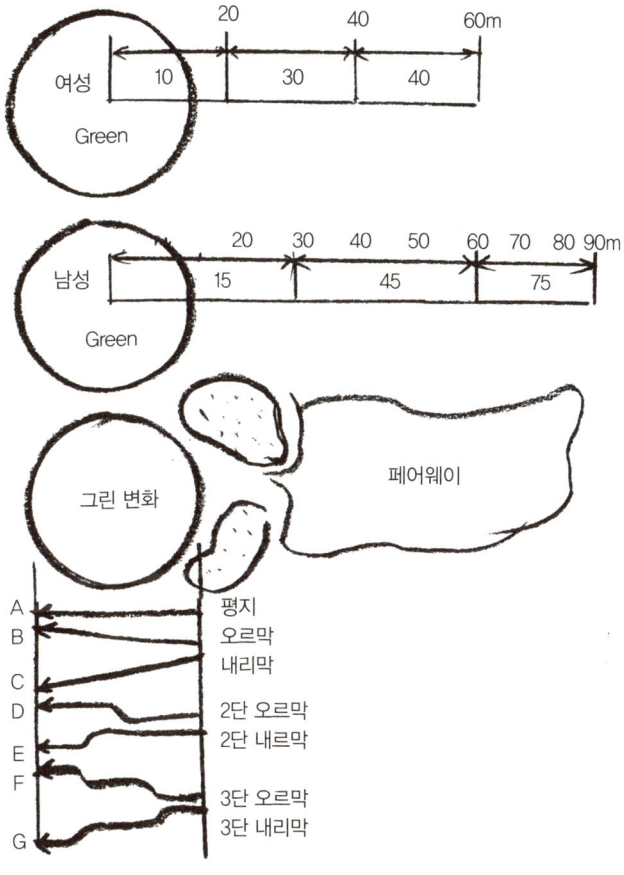

21-3 스트레인 돌름(G/W 최대 거내 기둥)

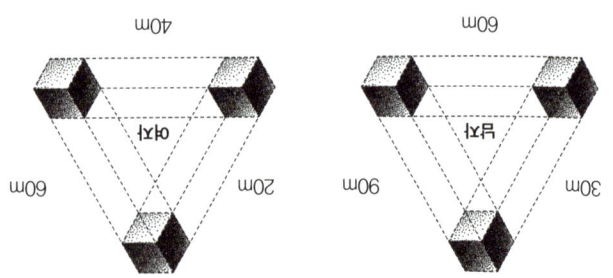

21-4 양가 돌름

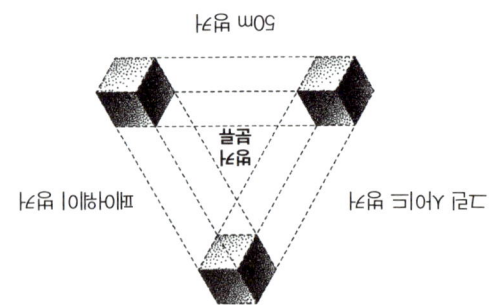

21-5 양가 면체 돌름

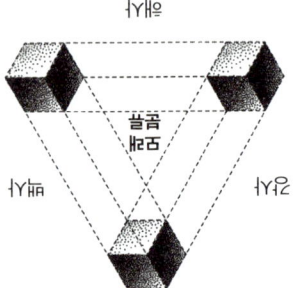

21-6 볼의 현상 분류

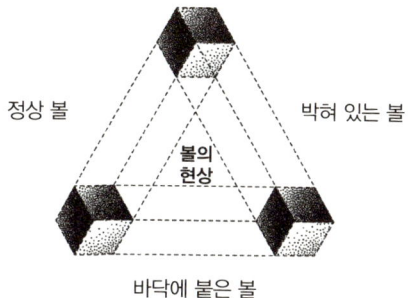

21-7 스윙 속도

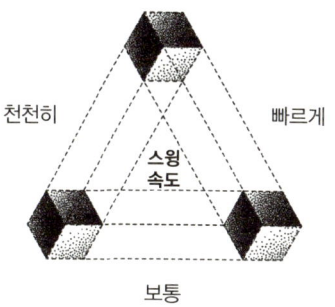

22장 어프로치샷 3대 요소

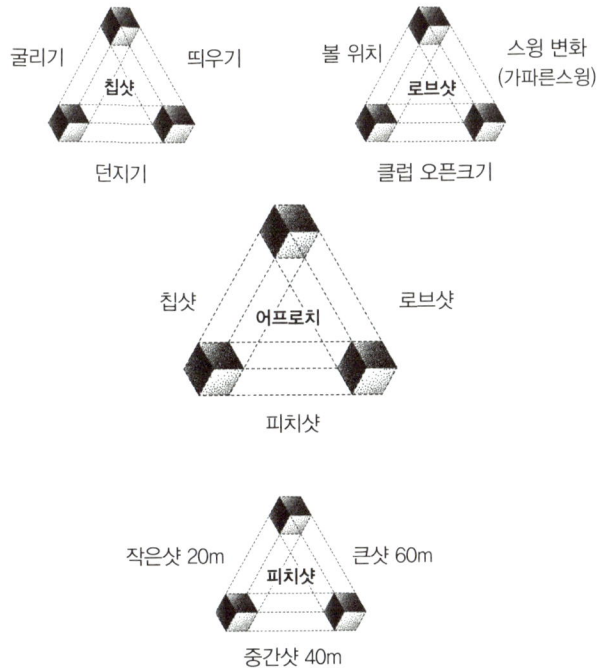

굴리기　　칩샷　　띄우기

던지기

볼 위치　　로브샷　　스윙 변화
(가파른스윙)

클럽 오픈크기

칩샷　　어프로치　　로브샷

피치샷

작은샷 20m　　피치샷　　큰샷 60m

중간샷 40m

22-1 어프로치샷 표

종류	영상	거리	클럽	볼 위치	스탠스 모양	스윙크기	앵글
1. 칩샷(Chip) 퍼터 칩샷	런지점	30m 이하 30m 이하	W 7-W	오른발 앞 인, 중, 오	11 11-A	9시 이하 8시 이하	오른팔 고정 두팔 고정
2. 피치샷 (Pitching) 캐리샷	캐리점	90m 이하 60m 이하	W W	왼발, 중간 인, 중, 오	11-A A	7~12시 이하 8시, 10시 이하	손목, 팔 사용 손목, 팔 사용
3. 로브샷 (Lob) 플롭샷	비행각	90m 이하 60m 이하	LW W	중간, 왼발 중간, 왼발	A A	12시 이하 12시 이하	V자 백스윙 팔로 스루

22-2 젓갈

1. 젓갈

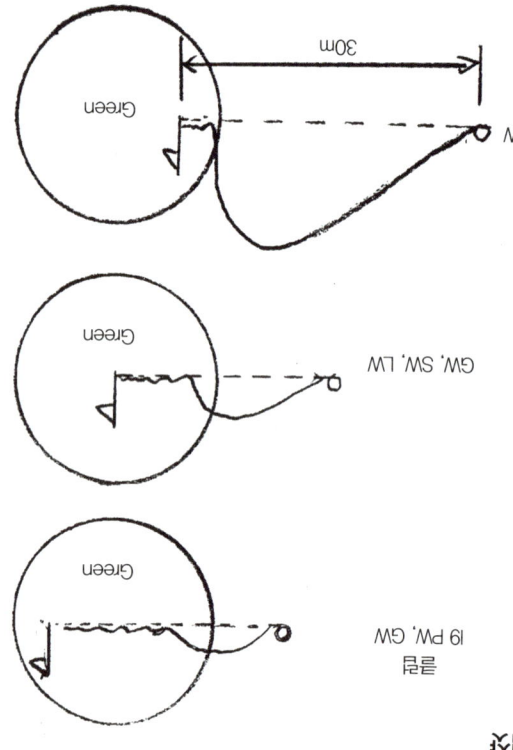

절임
19 PW, GW

GW, SW, LW

LW

30m

2. 젓갈 스텐더스

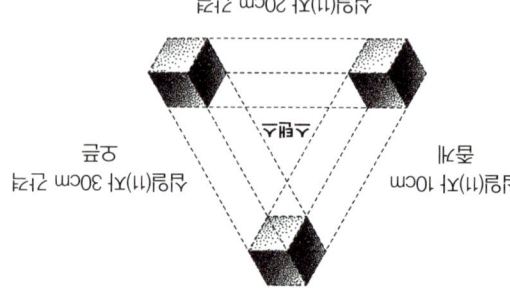

원개
상원(11)자 10cm 간격

으름
상원(11)자 30cm 간격

스텐더스

참로 으름
상원(11)자 20cm 간격

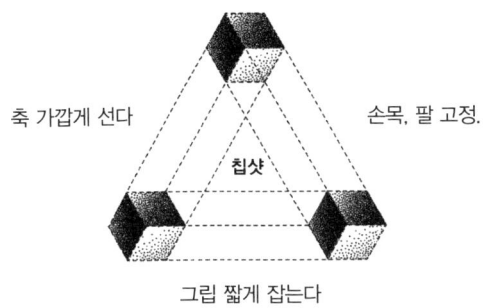

— 볼을 오른발 앞에 두고 가깝게 서면 클럽페이스 힐이 조금 돌린다. 스윙 크기는 왼손 8시 기준이다.

3. 맨땅에서 칩 샷

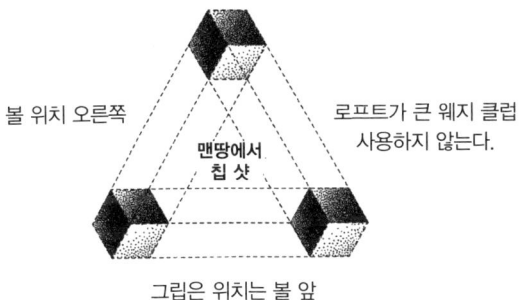

— 스윙 다운블로(Down blow) 임팩트 후 릴리즈는 길게 끌어야 한다.

4. 러프에서 칩샷

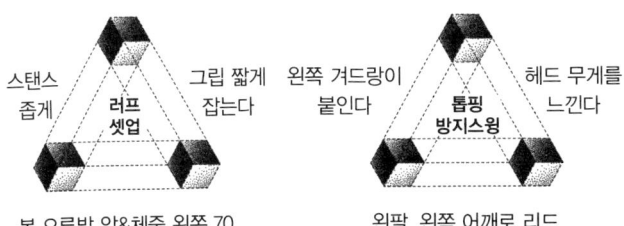

5. 몽지드 힙샷(50-52도)

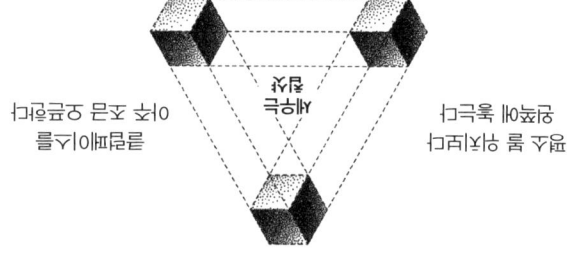

우측으로 이동한다
양손 볼 사이드로 돌 한다

A컷 크기는 크기이다

몽지드 힙샷
(50-52도)

원선들으로 얇아지는 느낌,
높아지는 느낌이 들어야 한

6. 세허드 힙샷

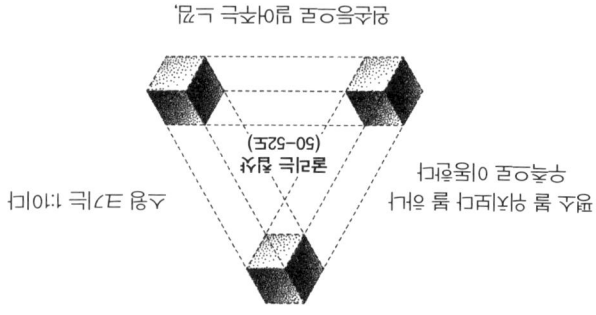

팔립페이스를
아주 조금 오픈한다

세허드
힙샷

원측에 동일하다
양손 볼 사이드로 돌 한다

백스윙 2. 다운스윙 1로 짧아진다면
몸은 그대로 타고 손만이 숏리 지점 사이 된다

7. 내리막 라이 칩샷

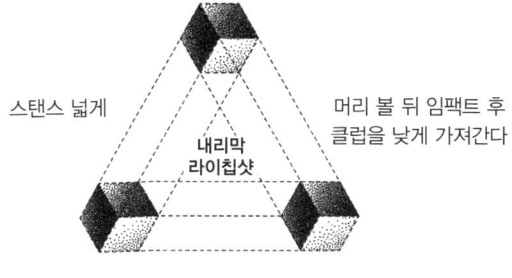

8. 오르막 라이 칩샷

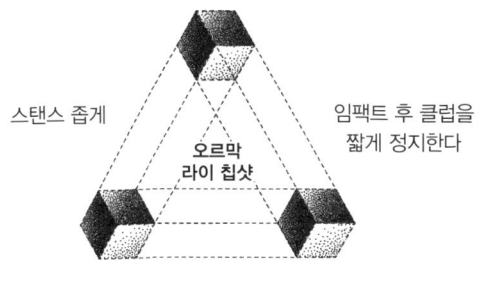

— 핸드 포워드 칩샷(hand forward chip shot) 어드레스는 forward press 자세로 선다.

9. 칩샷 정리

1) 비교적 낮은 탄도로 볼을 띄워서 그린 위에서 굴리는 샷.

2) 캐리와 런의 비율은 클럽페이스 각과 볼의 위치에 따라 변한다.

3) SW 5:5, GW 4:6, PW 3:7, I9 2:8의 비율이다 .

4) 체중은 왼발에 6, 오른발에 4, 또는 7:3으로 하며, 몸의 무게 중심은 왼발 축에 있다.

5) 스탠스는 11자로 하고 10cm 정도로 좁게 해서 왼발과 골반을 오픈 한다.

6) 양손 그립은 볼보다 앞에 위치한다.

7) 볼은 오른발 엄지발가락 앞에 위치한다.

8) 손목은 사용하지 않거나 매우 작게 사용한다.

9) 스윙은 퍼팅 스트로크처럼 한다.

10) 하체는 무릎을 회전하는 경우와 하지 않는 경우가 있다.

11) 전체적인 몸의 퍼포먼스(바른 모양)가 중요하다.

12) 그립을 짧게 잡으면 감각이 좋다.

13) 바운스 저점에서 왼손 등을 목표 방향으로 릴리즈한다.

14) 턱은 고정한다.

15) 장갑은 벗는 것이 더 감각이 좋다.

16) 오르막 칩샷 비결은 페이스를 조금 오픈하고, 임팩트 점에서 강하게 치며, 속도를 줄이지 않아야 한다.

17) 거리 연습법: 90cm 간격으로 목표 방향에 수평선을 그어서 연습 한다.

22-3 피치샷

1. 피치샷 분류

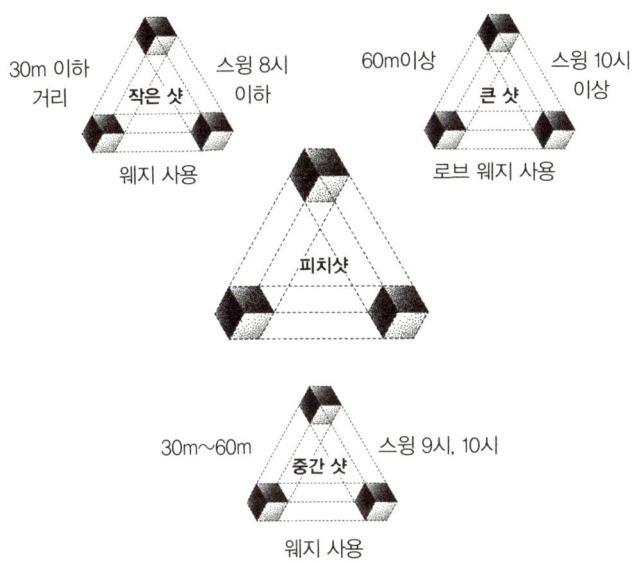

2. 피치샷 스윙 패턴

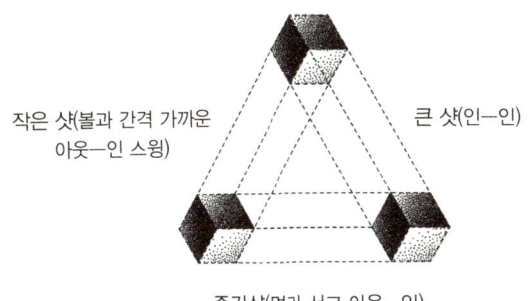

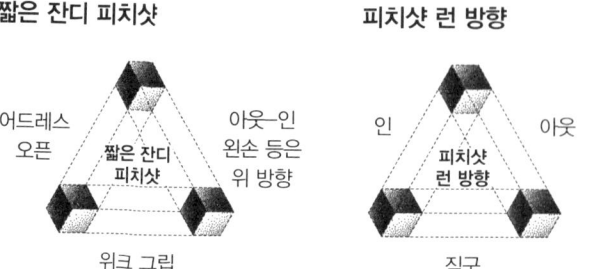

짧은 잔디 피치샷

어드레스 오픈
짧은 잔디 피치샷
아웃–인 왼손 등은 위 방향
위크 그립

피치샷 런 방향

인
피치샷 런 방향
아웃
직구

— 바운스가 커서 세게 치면 토핑이나 뒤땅의 원인이 된다. 볼은 오른쪽에 두어야 스핀이 생긴다.

3. 볼이 발보다 위에 있는 현상

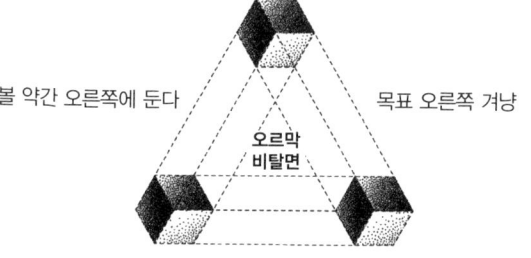

볼 약간 오른쪽에 둔다
오르막 비탈면
목표 오른쪽 겨냥
체중은 왼발 발가락 위에 둔다

— 지면이 올라온 상태로 클럽 그립을 짧게 잡고 척추의 기울기를 최대한 변화를 주지 않는다.

4. 볼이 발보다 아래에 있는 현상

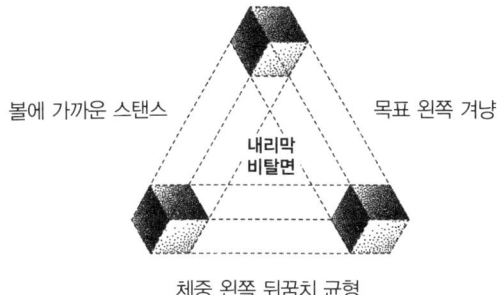

— 클럽을 최대한 길게 잡고 긴 클럽을 선택하여 스윙을 줄이는 것이 중요하다.

5. 피치샷 연습법

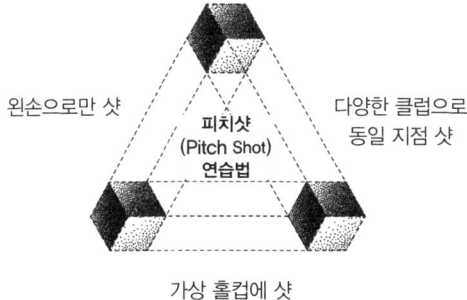

6. 피치샷 거리 조절

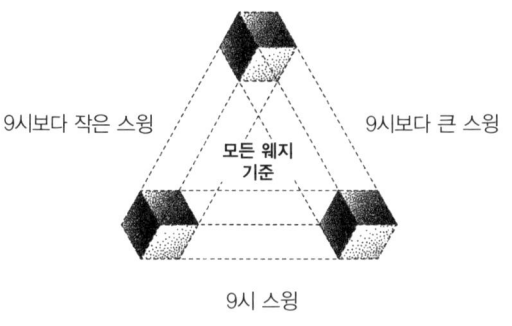

— 선수가 가지고 있는 웨지에 피치샷 거리 3가지를 붙여 둔다.

7. 피치 샷 거리 조절법

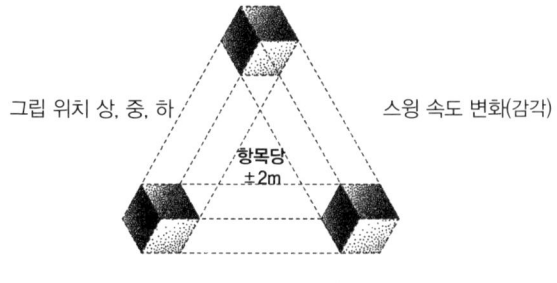

— 10m 안쪽 거리 조절은 위 3가지 요소로 연습한다.

8. 피치 플롭샷 어드레스

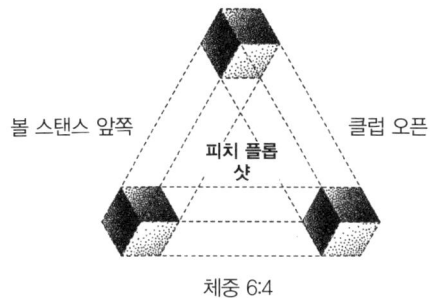

피치 플롭샷

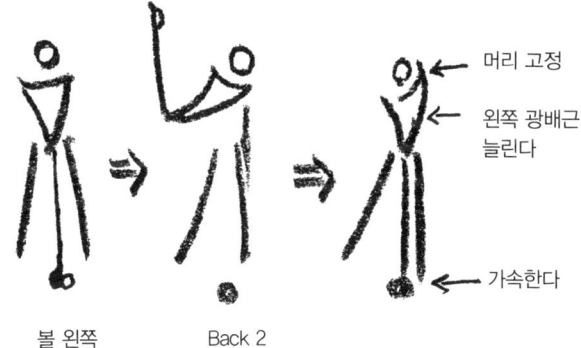

9. 피치샷 정리

1) 가속을 줄이지 말아야 한다.
2) 임팩트부터 팔로 스루까지 리듬감으로 속도를 높인다.
3) 가벼운 그립 압력으로 토우가 회전하면 안 된다.
4) 볼이 잔디 위 지면에 떠 있는 상태에서 적용하는 샷이다.
5) 스윙 방향은 아웃에서 인한다.
6) 스탠스는 스퀘어와 오픈으로 거리에 따라 변한다.
7) 클럽페이스 5도에서 10도 사이로 열고 세트업한다.
8) 왼쪽 축 중심으로 손과 팔을 사용하지 않고 하체와 상체로 스윙한다.
9) 볼 위치는 상황에 따라 우측, 중앙, 왼발 뒷굽선까지 다양하다.
10) 어드레스 상태는 체중 왼발 6, 오른발 4를 유지한다.
11) 클럽헤드는 낮게 가져가고 손목 코킹은 자연스럽게 한다.
12) 팔로 스루에서 왼 손목이 꺾이지 않도록 몸으로 스윙한다.
13) 피치샷 30m 이하는 체중 이동이 필요 없으며, 클럽 릴리즈 (Release)도 하지 않고 삼각형을 유지한다.
14) 퍼팅처럼 그린을 영상으로 가져와야 한다.
15) 위크 그립 골퍼는 쇼트게임에서 핸드 퍼스트하는 것이 실수를 방지한다.
16) 극 하근 근육은 쇼트게임 어프로치 벙커샷에 중요한 근육이다.
17) 다운스윙에서 어깨가 수평이 되면 탄도가 높아진다.
18) 앞 핀에 앞바람이면 두 클럽 크게 선택하고 높게 샷 한다.
19) 스탠스는 왼발 뒤로 빼서 10도에서 45도 열고, 골반을 A자 형태로 오픈. 클럽페이스는 표적을 향한다.
20) 거리에 따라 짧은 팔 스윙과 긴팔 스윙으로 이해하여도 좋은 방법이다.
21) 손목과 팔 코킹 앵글이 래그(Lag) 현상을 만들어 낸다.
22) 초보자는 볼 위치를 스탠스 가운데 놓고 그립을 짧게 잡는 것이 좋다.
23) 헤드 스피드의 일관성을 유지한다.

22-4 로브샷

1. 로브샷 분류

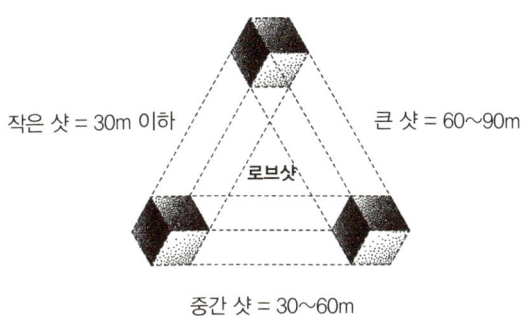

— 쇼트게임에서 로브샷은 장애물이나 그린의 변화를 극복하기 위한 샷이다.

2. 높은 볼이 만들어지는 3가지 요소

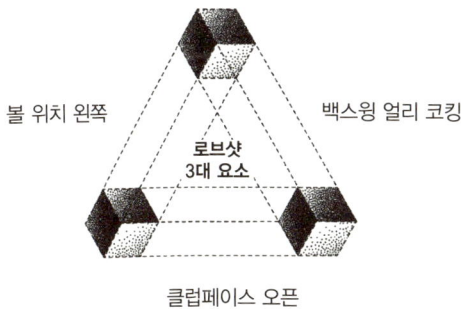

3. 로브샷 정리

1) 볼 앞쪽에 놓고 클럽페이스 오픈 페이드 샷. 다운스윙 시 몸 축을 볼보다 뒤에 둔다.
2) 로프트가 가장 큰 웨지를 사용한다.
3) 리딩에지가 열리면서 인사이드로 백스윙한다.
4) 팔로 스루 1에서 클럽페이스가 하늘을 보게 한다.
5) 체중은 중앙 오른쪽. 볼 왼쪽에 체중을 두지 않는다.
6) 다운스윙에서 손목을 쓰지 않는다.
7) 스탠스 A자. 왼발을 뒤로 빼면 얼리 코킹으로 다운스윙이 가파라진다.
8) 스탠스에서 오른발을 뒤로 빼면 낮게 백스윙하고 낮게 접근한다.
9) 볼을 왼쪽에 놓고 손(그립)을 볼의 뒤쪽에 위치하게 한다.
10) 축 중심으로 몸 하체와 바디 회전으로 스윙한다.
11) 볼 지면에서 떠 있는 현상에서만 로브샷 한다.
12) 바닥에 볼이 붙어 있는 상태에서 로브샷 하면 톱핑의 원인이 된다.
13) 블락샷이란 손목을 사용하는 것을 의미한다.
14) 샷 방향이 아웃에서 인으로 무릎을 먼저, 바디를 나중에 사용하여 하체와 상체의 모양이 중요하다.
15) 임팩트 순간 왼손등과 클럽페이스가 목표 방향을 주시하여야 한다.
16) 스탠스 클로즈, 스퀘어, 오픈 세가지 다 사용한다.
18) 임팩트 때까지 백스윙 톱에서 손목 코킹을 유지한다.
19) 클럽헤드로 볼을 바로 친다는 느낌으로 가파르게 친다.
20) 임팩트 시 그립은 볼 앞. 스피드를 늦추지 않는다.
21) 클럽헤드를 하늘 향하게 하고 손목 코킹을 많이 한다.
22) 30m 이하는 체중을 이동하지 않는다.

22-5 어프로치샷 기술

1. 어프로치샷 일관성 방법

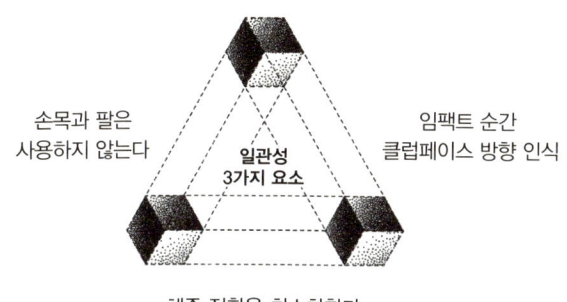

2. 어프로치샷의 거리 조절법(5m 간격)

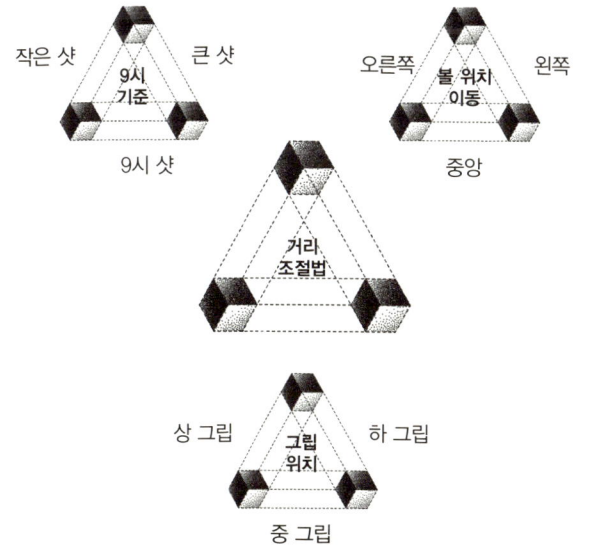

3. 어프로치샷의 비행 각도

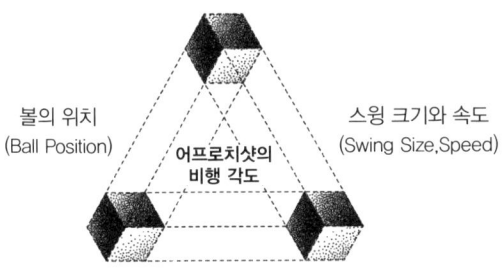

볼의 위치
(Ball Position)

어프로치샷의
비행 각도

스윙 크기와 속도
(Swing Size,Speed)

클럽페이스 각도(Club Face Loft)

4. 읽기(Reading)

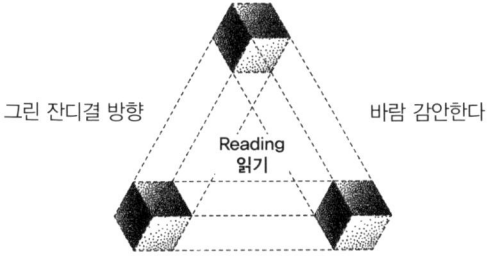

그린 잔디결 방향

Reading
읽기

바람 감안한다

핀에 못 미치게 샷

— 캐리 후 볼이 그린에 떨어지면 퍼팅하는 상상력을 함께 하는 것이
중요하다.

5. 그린 변화에 따른 쇼트게임 선택법

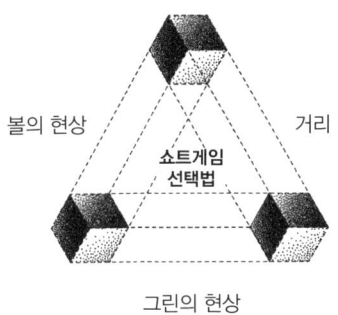

6. 30m 이하 쇼트게임 백스윙 기준

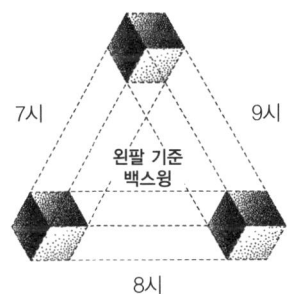

7. 웨지의 종류

PW 44~47도-GW50~52도-SW 54~56도-LW58~60도

8. 어프로치 트러블샷(Trouble Short Shot)

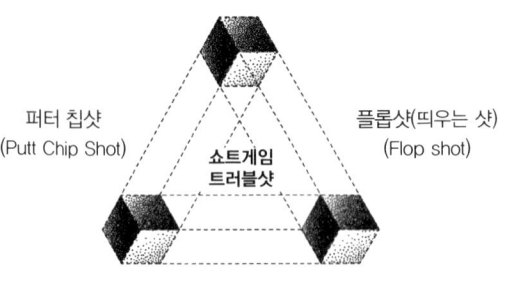

퍼터 칩샷
(Putt Chip Shot)

**쇼트게임
트러블샷**

플롭샷(띄우는 샷)
(Flop shot)

커트 로브샷(Cut Lob Shot)

— 퍼터 칩샷: 퍼터 그립으로 클럽 잡고, 스탠스 5~10도 오픈, 볼은 오른발 엄지 앞, 체중 왼발 60%, 오른발 40%, 그립 위치는 왼쪽 허벅지 안쪽, Y축 간격은 가깝게, 클럽 힐이 땅에서 약간 들리게 취한다.

— 커트 로브샷: 스탠스 오픈하여 클럽페이스가 아웃에서 인으로 들어오게 한다. 백스윙과 팔로 스루의 크기가 반대로 3 : 1로 팔로 스루에서 클럽을 잡아 급정지시켜 볼 스핀을 극대화한다.
클럽 바운스 두께가 큰 웨지는 실패할 확률 크다.
볼이 그린에 떨어지면 사이드스핀이 발생하므로 그린을 관찰 적용한다.
볼 위치와 스윙 크기에 따라 거리가 변한다.
핀 앞쪽 공간이 없을 때 많이 사용하는 샷이다.
클럽은 GW 이상 사용한다.

— 플롭샷(띄우는 샷): 양손은 어드레스 상태를 유지하며 손목을 꺾어서 9시까지 백스윙한다. 다운스윙에서 과감하게 내려친다. 하체를 움직이지 않고 바디와 팔, 손목으로 스윙한다.
로브샷과 함께 장애물 위를 통과하여 그린에 떨어진 볼이 런이 생기지 않도록 하는 상황에서 사용하는 샷이다.
볼을 포지션 왼쪽에 두고 그립을 오른손 1cm 정도 엎어서 잡는 것이 특징이다. 백스윙은 뒤로 과감하게 뺀 다음 다운스윙 때 스윙 궤도를 지키면서 손목을 사용한다. 스윙은 인사이드 인으로 한다.

1) 벨라드샷(Bellied Shot): 그린 주변 프린지(Fringe)에서 볼에 에너지를 떨어트리는 샷

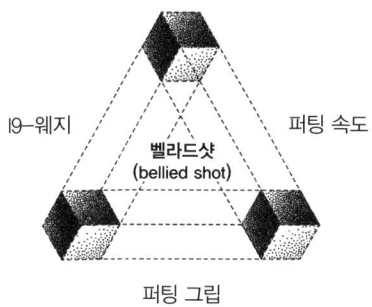

— 프린지(Fringe): 그린 주변 짧은 잔디 지역.
　치핑 스트로크(손목이 돌아가지 않음).
　어드레스 시 약간 오픈하고 왼손이 주도한다.
　하체를 적절히 움직인다.
　스윙(Swing)은 잔디 위를 쓸듯이 손이 클럽헤드보다 앞(Hand First)에 오도록 오른쪽 무릎을 목표지점으로 전환한다.

2) 퍼터 칩샷

― 퍼팅 그립으로 클럽을 짧게 잡는다.
― 퍼팅 스탠스에서 칩샷. 스탠스 왼발은 오픈한다.
― 체중은 왼발, 오른발에 6:4로 놓는다.
― 샤프트 퍼팅처럼 약간 세워 힐이 들리게 한다.
― 볼은 토우 쪽 에임 한다.
― 클럽페이스는 목표 방향과 직각으로 맞춘다.
― 퍼팅할 때와 같은 방법으로 하체를 고정하고 어깨로 스트로크한다.
― 스윙할 때 클럽이 바닥에서 떨어진 느낌으로 한다.

3) 러닝 피치샷

― 핀 위치가 그린 뒤쪽에 있을 때 주로 하는 샷이다.
― 9, 8, 7번 아이언을 많이 사용한다.
― 그립은 매우 짧게 잡고, 퍼팅 그립으로 잡기도 한다.
― 임팩트 순간까지 왼 손목을 유지하는 것도 중요하다.
― 클럽페이스를 목표 방향으로 스퀘어 임팩트한다.
― 하체는 오른쪽 대퇴를 살짝 움직여 체중 이동한다.
― 볼 포지션은 오른발 엄지발가락 앞에 위치한다.
― 그립의 압력이 강해서 손목에 힘이 들어가지 않도록 한다.
― 머리는 조금 오래 유지하는 것이 좋다.
― 클럽을 돌리면 런이 많이 생긴다. 백스윙에서 손목 코킹이 커지면 런이 줄어든다.
― 빠른 그린에서는 토우를 들고 토우 부분으로 임팩트하면 볼이 떠서 에너지가 줄어들어 적게 구른다.

임팩트 시 스윗스팟 = 칩샷-피치샷-로브샷: 중앙에서 힐쪽 샤프트 가까운 안쪽에 맞아야 한다.

4) 러프에서 피치샷

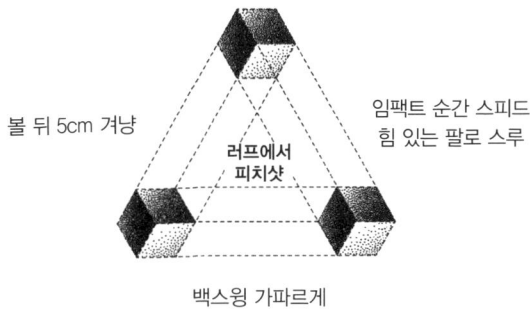

5) 컷 로브샷(높은 샷)

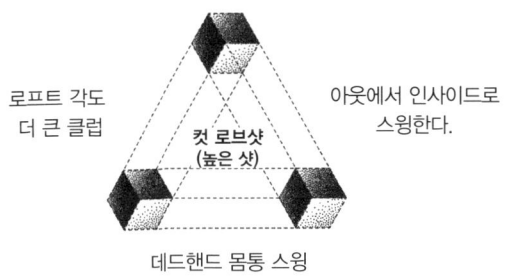

— 거리 짧아져서 긴 백스윙이 요구된다.

6) 묘는 잡니다 둘 것

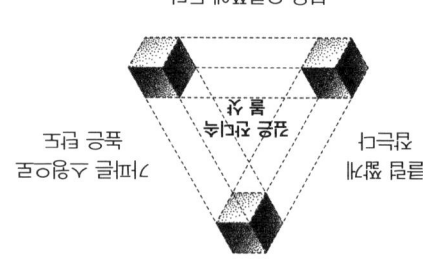

말을 넣을 겁니다
잘난다
꼼꼼한 눈으로 사이로
꼭대기 사이로 돈다

말은 오른쪽에 모든다.

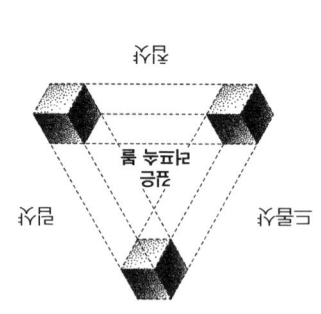

드롬차
질차
말을 거꾸러 둠
질차

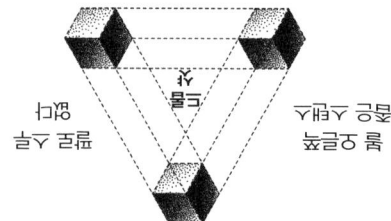

말을 오른쪽으로 둠
풀은 사이로
꼼꼼한 눈으로 돈다

— 클림은 둘 사이에 머이드는 것이다.

7) 역방향 그레인샷

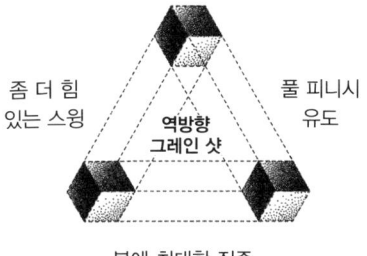

8) 하드팬 라이

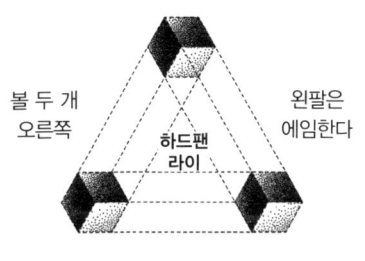

— 하드팬이란 잔디 없는 단단한 라이를 뜻한다.

9) 피자샷 모양

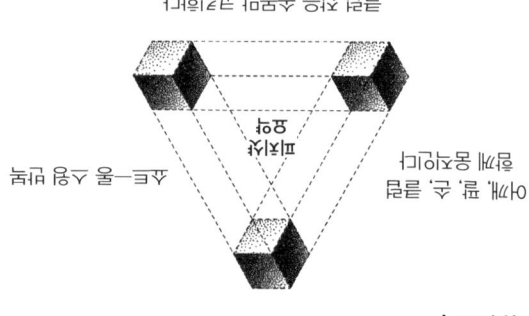

팔 팽창 운동과 고동학이다

스트-업 수성 점력

아빠, 룰, 수, 풀림
할아 동작이다

피자샷
모양

— 퍼펙트(Perfect) = 피펙형치
— 센세이셔널(Sensational) = 센드형치
— 러브리(Lovely) = 러브형치
— 엑설런트(Excellent) = X형치

10) 그림 으로의 생산하시 공단가(생강영 관계 만들)

맞사기

인사기   킬다

오른핵
지신

11) 샷 감

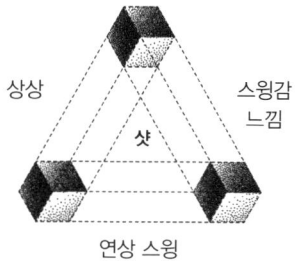

— 볼을 더 높이 칠수록 스핀 영향이 줄어든다.

12) 립샷

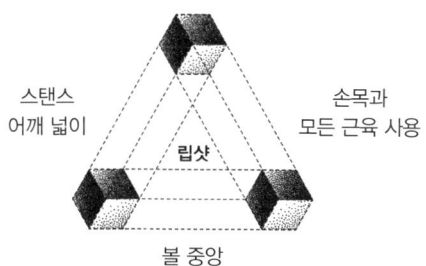

— 아주 깊은 풀속 들어간 볼 처리.
— 블래스트(Blast)샷은 러프에서 벙커샷과 동일하다. 백스핀 없어서 많이 굴러간다.
— 네스터(Nesty) 라이 칩샷으로 목표 정확히 컨택한다.
— 네스티(Nesty)란 고약한 라이, 둥지 같은 라이를 말한다. 이러한 라이에서는 클럽을 길게 빼서 강력한 디봇을 만든다.

13) 물속 샷

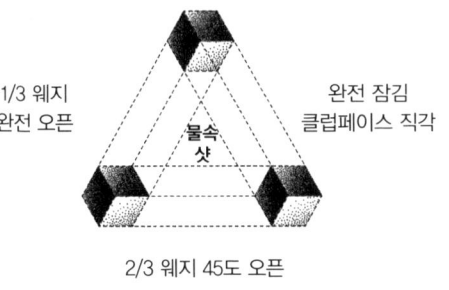

14) 특수한 경우

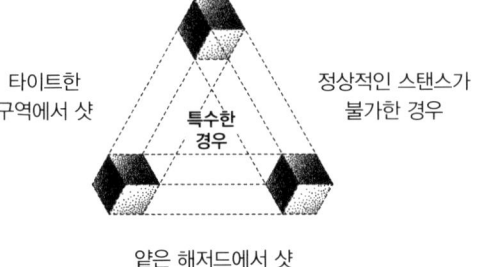

15) 칩샷의 변화

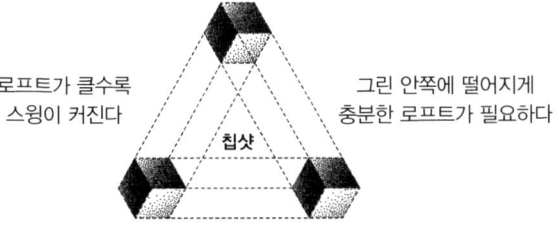

16) 칩샷 선택

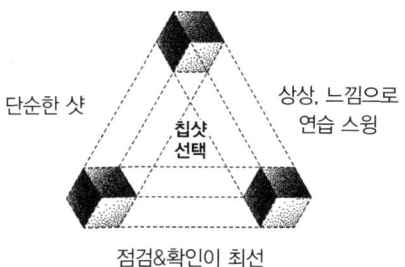

17) 그린 주변 15m 칩샷

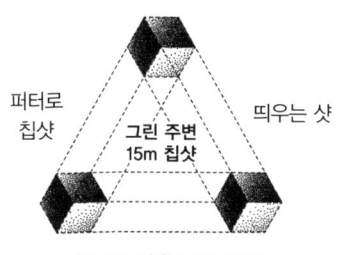

18) 칩 퍼터

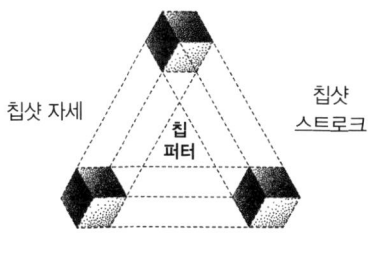

- 볼이 박혀 있는 라이. 로프트 각이 서 있는 웨지로 칩샷하는 것이 가장 좋다.
- 밸리드 웨지샷: 웨지 솔의 볼록 튀어나온 부분을 사용해 퍼팅 스트로크로 친다.
- 우드는 토우 부분으로 칩샷한다.

19) 코트 앞 팔(대퇴 와이)

- 소체스
- 오금
- 엉덩 앞발(대퇴 와이)
- 팔 중앙
- 손목 크기만큼 짧
- 것

20) 팔 입사의 원인

1) 팔꿈치의 팔 마치
2) 손가락 손목 근육 사용
3) 엉덩 손목 징력

- 팔스터 그림 같이 잡고 연습합니다.

21) 팔꿈치 팔꿈치 앞 팔

- 아이의 5~6배
- 손목 팔 사용 필드로
- 엉덩 앞발 앞 팔
- 팔 중앙

- 바람이 살랑거리 불거나 단풍이 그림에서 사용.

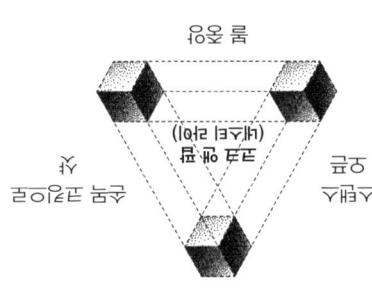

22) 샌드샷 라인 요소

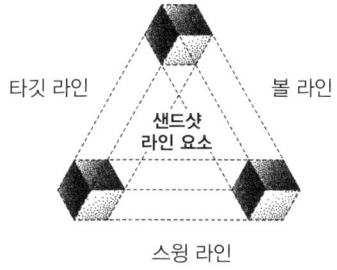

23) 샌드샷 종류

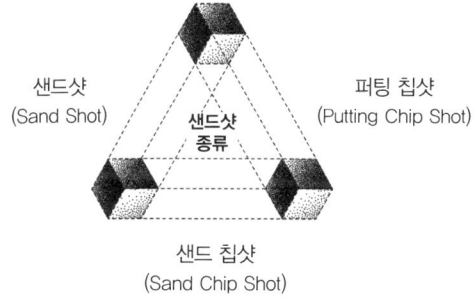

- 샌드샷에서 스핀을 많이 주는 방법은 평상시보다 긴 백스윙, 빠른 임팩트로 피니시를 빠르게 멈춘다.
- 볼이 그린에서 구르게 하는 방법은 볼을 왼발 뒤꿈치 안쪽 5cm 지점에 놓고 피치샷 한다.
- 쇼트게임의 실수는 파워게임 장점보다 스코어에 더 큰 영향을 준다.
- 쇼트게임 전략은 자신의 약점과 장점을 알고 있는 것이다.

24) 쇼트게임 읽기

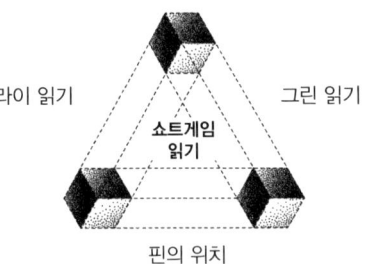

— 그린 잔디의 결은 칩샷 전 큰 영항을 준다.

25) 쇼트게임 실수

— 너무 긴 백스윙.
— 볼을 너무 앞쪽에 놓는 경우.
— 피니시하지 않는 경우.
— 잘못된 체중 전환(Transfer) 허리축 중심 신체 회전에서 나온다.
— 불필요한 하체 회전.
— 너무 강한 그립.
— 생크 현상.
— 스타일러 피니시: 낮은 팔로 스루 근육과 손 컨트롤을 요구하여 일관성이 없다.
— 임팩트 때 블로킹(Blocking).
— 거리 안 난다.

26) 실수 원인

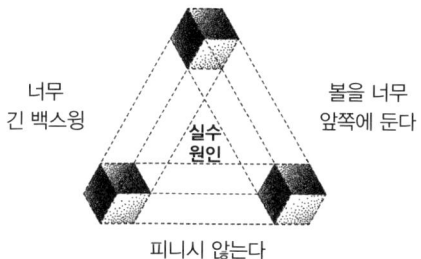

— 골프는 보기를 가장 적게 하는 선수가 이긴다.
— 90% 성공할 자신감이면 스윙하라.

27) 연습 규칙

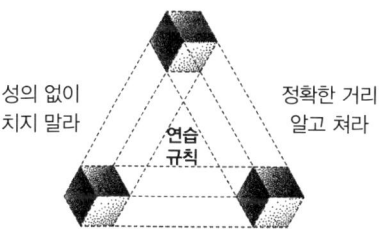

— 모든 샷의 궤도 관찰할 것.

— 이 플 중에서 한 가지 여성은 상상할 수—중심이라고 한다.
— 새로 얻게 되는 경쟁이 이를 이용한다.

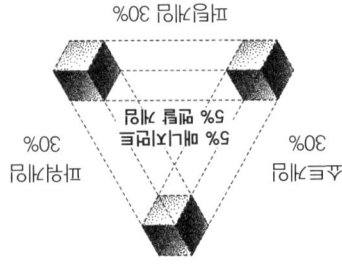

22-6 어프로치 지식과 다양성

1. 어프로치 샷

— 쇼트게임 종류: 모양, 거리, 스탠스, 볼 위치, 손목, 팔 앵글, 체중, 스윙 크기, 클럽.
— 그린의 7가지 현상.
— 클럽헤드 속도 낮출수록 일관성 높아진다.
— 그립을 내려 잡을수록 제어력이 좋아진다.
— 스탠스 넓이에 따라 스윙의 크기가 달라져야 한다.
— 일반적으로 골퍼가 많이 연습하는 클럽을 사용하는 것이 좋다.

2. 데이브 펠츠 쇼트게임

PEI(Percent Error Index) 에러율(퍼터 성공률).

— 0.9m 85%.
— 1.5m 65%.
— 1.8m 50%.
— 3m 25%.

정답은 쇼트게임, 웨지, 피치, 칩, 벙커샷으로 가깝게 붙이는 것이다.

— 정확한 거리를 칠 수 있는 선수가 방향은 정확하지 않은 이유는?
— 올바른 클럽을 선택하는 것은 정확성만큼 중요한 것은 아니다.
— 7, 8, 9번 아이언 거리는 에러가 적지만 방향은 거리의 7%만큼 정확하지 않다.
— 쇼트게임 방향 2%이나, 거리의 13~26% 정도 정확하지 않다.
— 롱 아이언을 똑바로 쇼트게임하고 웨지로 적당한 거리를 보내는 연습이 중요하다.

— 아드레날린은 분비가 중단됨과 가장 때 곧 파괴된다. 수개월 시 지 못하다.
— 수명 크기, 피부, 성격이 각 식이 평등하다.

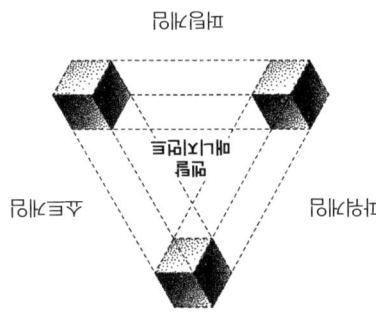

4. 인슐린 에너지원트

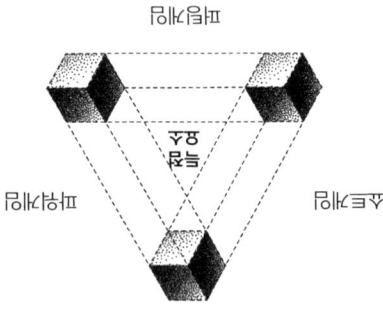

3. 능력 요소

5. 정렬(Alignment)

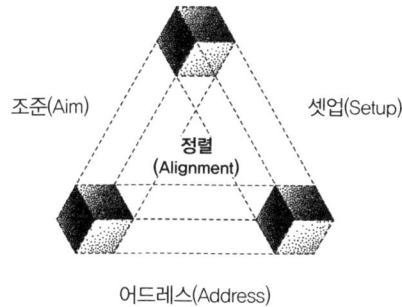

— 좌측선 정렬 1000야드는 95%로 30~45도 스탠스를 오픈한다.
— 모든 스윙은 최저점(Bottom)이 있다. 오른팔을 사용하면 디봇 오른쪽, 왼팔만 사용하면 디봇 왼쪽, 두 팔 다 사용하면 볼 앞쪽 2~3인치 앞에서 일어난다.

6. 볼 위치

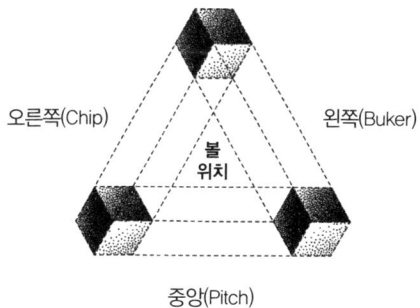

7. 셋업 단계

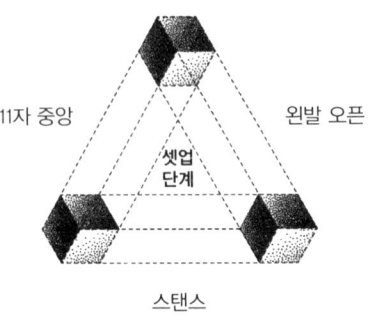

8. 피네스 스윙

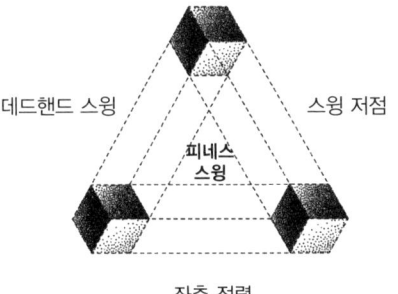

— Low power: 힘이 실리지 않는 스윙을 말한다.
— 올바른 손목 코킹은 근육에 힘을 사용하지 않는 일관성 있는 파워
  를 제공한다.

9. 바이오피드백(Biofeeed Back) 연구

— 8초에 30% 사라진다.

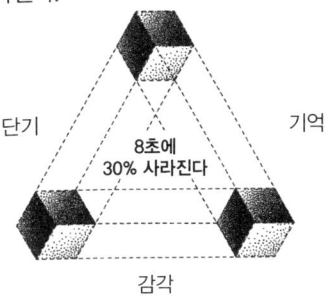

10. 피드백 연습

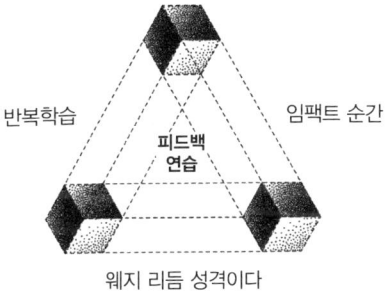

11. 웨지 스윙의 크기

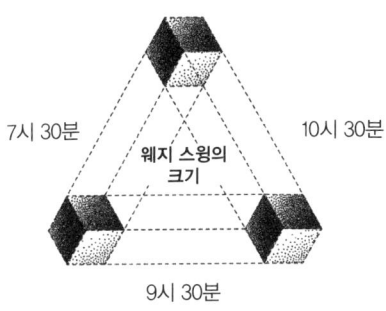

— 임팩트 순간 힘이 들어가지 않게 많은 연습이 필요하다.
— 볼이 스탠스 앞쪽에 위치하면 안 된다. 그러면 무릎이 많이 굽혀지는 현상이 생겨 손에 힘이 들어가 뒤땅을 때리는 원인이 된다.

12. 표지자 의식

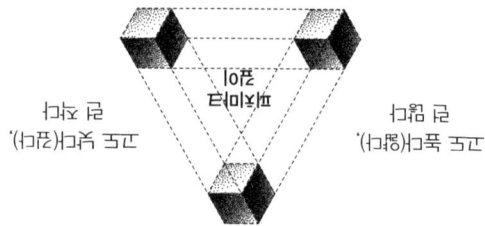

표지자
의식

양동 때문에 몸이
흐리고, 동작

미리보기 상향적 득정적 주의 용량

톨이 자원을 따라 이어로
느낀다

13. 그림 고프 파지마터 정이의 양동

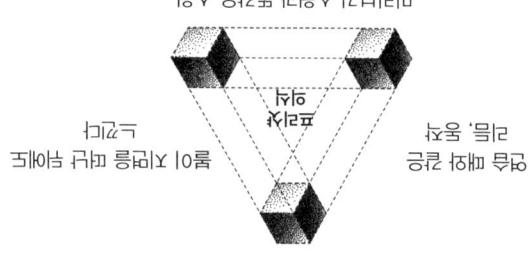

빠치마자
정이

고프 북(의(일다),
왼 자다

상향 간동 함자(동기) 되 성양

고프 남다,
왼 북하(왼다),

— 식: 다옹상 증동 사용히이 옹눈다. 물도 시르드 송돼 바정됬으
로 빼어아 옹는다.

23장 벙커샷이란?

— 그린 주변 벙커와 페어웨이 벙커&깊은 벙커와 낮은 벙커로 나누어진다.

23-1 벙커샷 읽는 법(Reading)

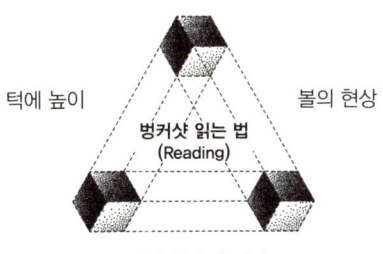

23-2 그린 주변 벙커샷(Green Side Bunker)

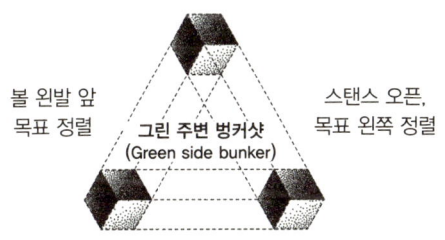

— 볼은 왼발 뒤꿈치에서 한 개 오른쪽에 둔다.
— 체중은 왼발 60%, 오른발 40%로 둔다.
— 클럽페이스는 7시~8시로 오픈한다.
— 볼 뒤쪽 5cm 모래를 먼저 리딩에지로 맞추는 샷이다.
— 스윙 중 중심이 이동하면 스윙 패턴 디봇이 변한다.
— 왼발은 20~30도 정도 오픈한다.
— 연습-오른발 아래 볼 놓고, 왼발에 체중이 오도록 하는 연습.
— 절대 감속하지 말고 가속하여야 한다.

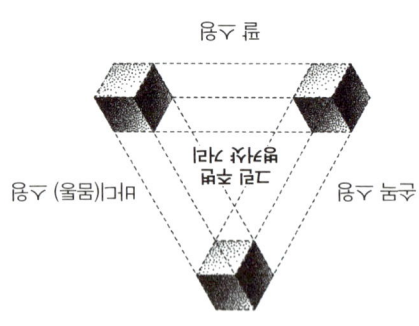

23-3 그림 촬영 방사선 거리

- 욕조 속 용
- 바디(물통) 속 용
- 그림 촬영 방사선 거리
- 필 소 용

23-4 방사선 거리 곡률

- 고해상 속 용
- 방사선 거리
- 방사선 속 용
- 곡률 움직임

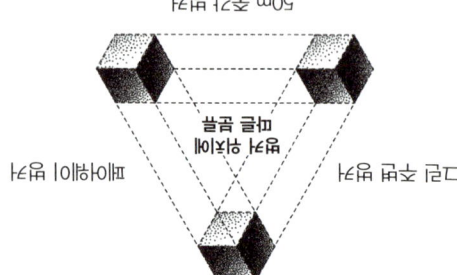

23-5 방사기 상자에 따른 곡률

- 페어에이 방기
- 방사기 상자에 따른 곡률
- 그림 촬영 방기
- 50m 중기 방기

23-6 그린 주변 벙커 분류

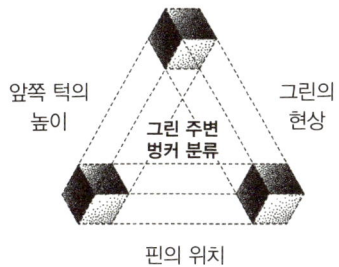

23-7 볼 현상

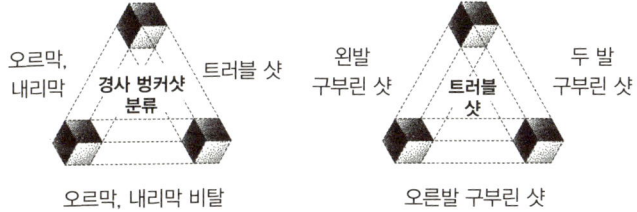

23-8 모래 종류 분류

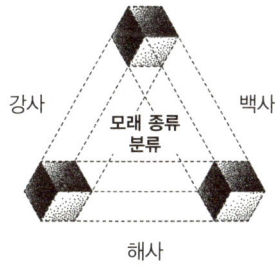

- 강사: 입자가 굵다. 바운스 얇은 클럽. 그립을 잡고 클럽페이스 오픈.
- 해사: 입자가 고르다. 바운스 중간. 클럽페이스 오픈 후 그립 .
- 백사, 규사: 입자가 미세하다. 바운스 두꺼움. 클럽페이스 오픈 후 그립.

23-9 고래의 상징 흐름

품은 고래-중간 고래-가는 고래 흐름.
색채량 고래-품을 고래-부드러운 고래.

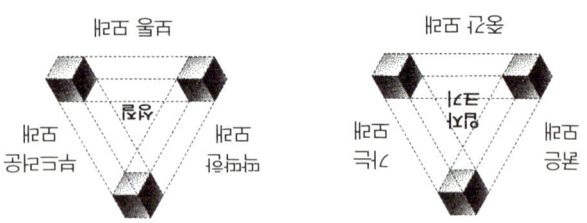

중간 고래   품은 고래

품은   입자체   부드
고래   크기   러운
                 고래

가는 고래   색채량 고래

23-10 해시영의 백체

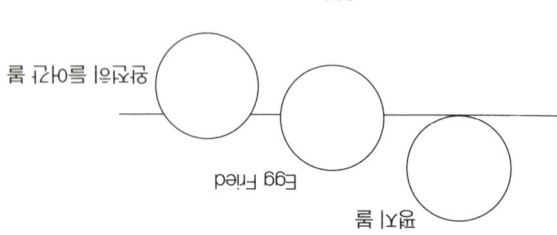

깸지 뭄   물   달걀이 들어간 뭄

달걀 들어간 뭄(Egg Fried)

23-11 뭄 상태 그림

깸지 뭄   Egg Fried   달걀이 들어간 뭄

23-12 박혀 있는 볼

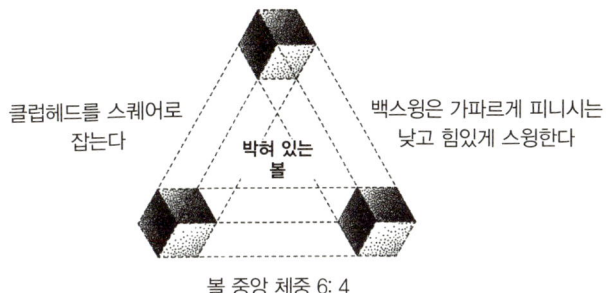

23-13 벙커샷 열림과 닫힘 거리 3대 요소

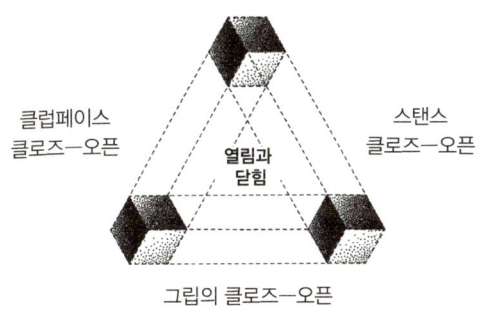

23-14 벙커샷 거리 3대 요소

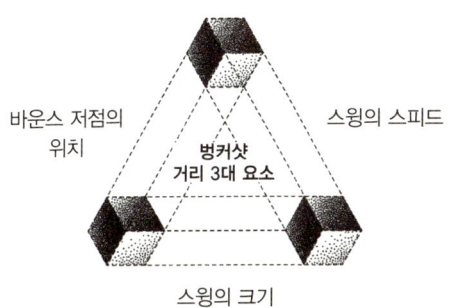

― 클럽헤드가 아웃에서 인사이드라면 볼은 그린에 떨어져서 오른쪽으로 구른다. 하지만 모래 속에 있는 볼은 직선으로 구른다.

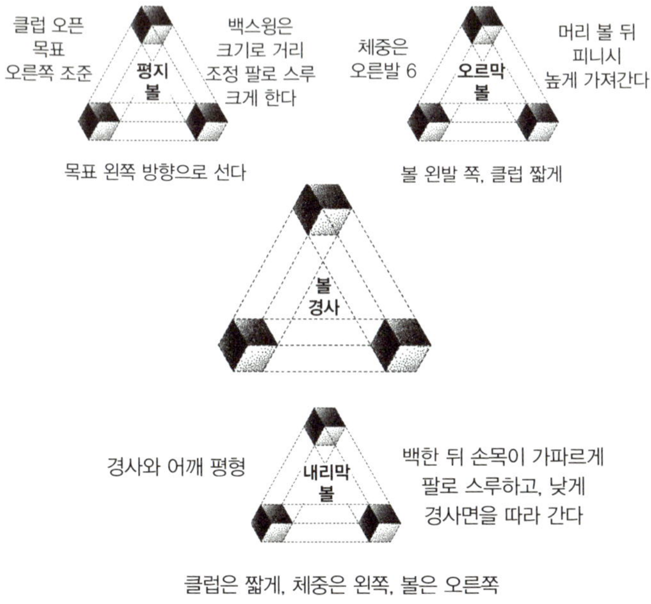

클럽 오픈
목표
오른쪽 조준

**평지
볼**

백스윙은
크기로 거리
조정 팔로 스루
크게 한다

목표 왼쪽 방향으로 선다

체중은
오른발 6

**오르막
볼**

머리 볼 뒤
피니시
높게 가져간다

볼 왼발 쪽, 클럽 짧게

**볼
경사**

경사와 어깨 평형

**내리막
볼**

백한 뒤 손목이 가파르게
팔로 스루하고, 낮게
경사면을 따라 간다

클럽은 짧게, 체중은 왼쪽, 볼은 오른쪽

23-15 클럽페이스 각도 조정

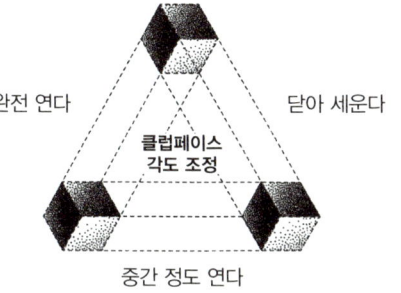

완전 연다

닫아 세운다

**클럽페이스
각도 조정**

중간 정도 연다

23-16 스윙의 크기

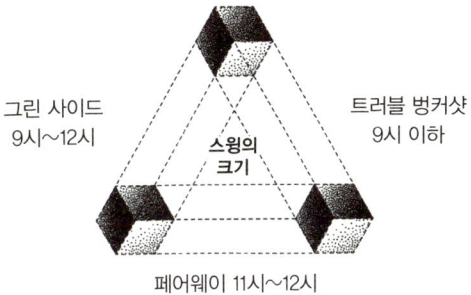

23-17 거리 조절

손목 + 팔
손목 + 팔 + 바디

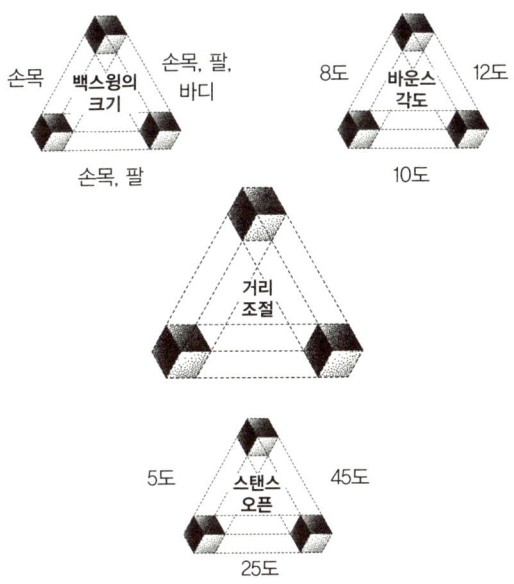

— 클럽페이스 각도와 바운스 두께, 바운스 각도가 중요한 요소이다.

23-18 볼의 위치

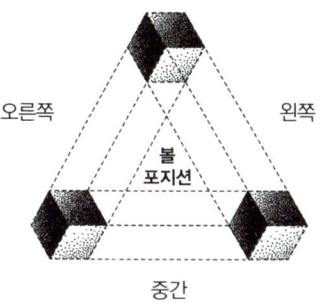

23-19 임팩트 위치

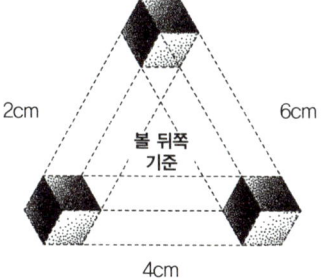

ㅡ 볼의 위치와 임팩트 위치에 따라 거리는 변한다.

23-20 그린 주변 벙커샷 스윙 크기

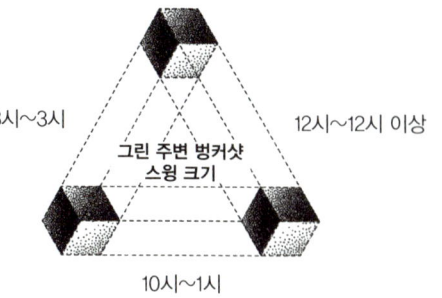

23-21 벙커 앞턱에 따라 클럽 선택

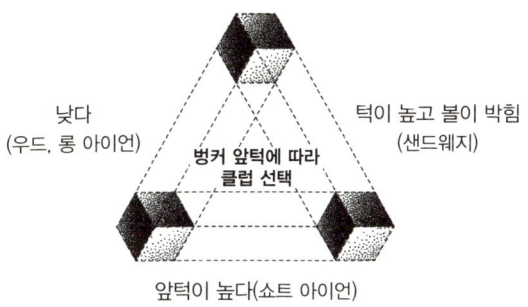

23-22 임팩트

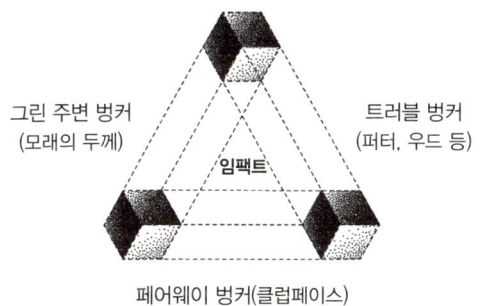

23-23 페어웨이 벙커샷

— 한 클럽 크게 잡고 그립은 짧게 잡는다.
— 허리를 많이 숙이지 않고 턱을 조금 든다.
— 볼을 평소보다 한 개 오른쪽 방향으로 이동한다.
— 스윙을 풀스윙보다 작게 한다.
— 클럽페이스를 볼에 먼저 맞혀야 한다.
— 스윙은 천천히 80~90% 크기로 하고, 인사이드에서 아웃으로 톱핑 볼 치듯 한다.
— 걷어 내는 방법으로 스윙한다.
— 페어웨이 벙커샷 체중 이동은 하지 않고 바디 많이 이용하여 스윙한다.
— 볼만 친다는 느낌, 쓸어 친다는 느낌, 볼 맞는 순간 몸 들린다는 느낌.

23-24 에그 프라이(Egg Fried)

— 클럽이 볼보다 깊숙이 들어가야 한다.
— 클럽페이스를 세워 리딩에지로 조정한다.
— 그립을 강하게 잡고 V자 스윙으로 가파르고 강하게 한다.
— 볼에서 평소보다 조금 떨어져 셋업한다.

23-25 벙커샷 정리

1) 볼이 모래 속에 묻혀 있을 때는 클럽페이스를 세워서 스윙한다.
2) 볼이 모래 위에 있으면 클럽페이스를 열어서 스윙한다.
3) 40~50m 벙커샷은 볼 현상 좋으면 웨지로 나쁘면 9번 아이언 사용한다.
4) 웨지샷 어프로치 주의점은 볼만 가볍게 임팩트하여야 한다.
5) 백스윙 인사이드-아웃으로 하여 클럽이 모래 속으로 깊게 들어가지 않도록 한다.
6) 9번, 8번 아이언 샷은 스탠스를 오픈하고 손목 힘 빼고 스윙의 크기로 조절한다.
7) 하반신 고정: 그린 주변 벙커는 비벼서 발바닥 깔창까지 모래 안으로 삽입하여 고정한다. 페어웨이 벙커는 발바닥을 V자 형으로 하체 고정한다.
8) 스탠스 따라 탄도가 결정되고 거리가 변한다.
9) 앞쪽 턱이 높으면 스탠스를 넓게, 낮으면 좁게 취한다.
10) 손목은 느슨하게 풀고, 임팩트 순간 오른발이 떨어지지 않도록 한다.
11) 양 무릎을 이용하여 아래로 체중을 내려 중심축을 잡는 것이 중요하다.
12) 모래 입자에 따라 거리가 변하고, 굵은 모래나 딱딱한 상태에서는 볼이 멀리 간다.
13) 연습장 벙커 연습법은 볼을 티 위에 올려놓고 볼 밑의 티를 치는 연습 한다.
14) 모래 속에 박힌 볼은 왼쪽 어깨를 내려서 어드레스한다.
15) 백스윙 시 클럽 비탈면, 구덩이 등에서 업라이트하게 올라가 날카로운 리딩에지로 볼을 바로 타격한다.
16) 양 무릎의 높이 조절이 중요하다. 특히 경사면이나 비탈면, 구덩이 등에서 중요하다.
17) 모래의 상태에 따라 클럽페이스 열고 그립 잡는 법 & 그립 잡고 페이스 오픈을 정한다.
18) 일정한 스윙 템포와 리듬으로 임팩트 타이밍이 정확해야 한다.
19) 쉽게 탈출하는 방법은 솔이 먼저 모래에 닿도록 바운스가 볼 뒤쪽에 접근하고 팔로 스루를 끝까지 한다.
20) 몸 중심에서 클럽이 멀어지지 않도록 하고, 손목을 얼리코킹한다.
21) 그립 위치에 따라 모래 두께가 결정된다. 그립 앞에 위치하면 깊이

파고 들어간다.

22) 백스윙 톱에서 클럽헤드를 놓아 주면 모래가 얕게 뜨게 된다.

23) 스윙 중 중심을 오른쪽 볼 뒤에 오래 두면, 모래가 얕게 떠지는 효과가 있다.

24) 스윙 속도와 크기는 피치샷 두 배 기준으로 연습한다.

25) 15m 거리라면 피치샷 30m 거리로 스윙한다.

26) 모래 속에 묻혀 있는 볼은 클럽 플랜지 두께와 바운스 각이 중요하다.

27) 플랜지가 적은 P, 9번 아이언을 고려한다.

28) 퍼터 벙커샷은 스핀이 덜 발생하는 토우로 조금 세게 친다. 그 이유는 스윗스팟에서 벗어나서 맞기 때문이다.

23-26 그린 주변 벙커 루틴

1) 벙커 전방 턱 높이를 확인한다(클럽 로프트각 결정).

2) 홀컵 또는 가상 홀컵까지 거리 확인.

3) 클럽 선택(웨지 52-54-56-58-60도 바운스 두께와 각도).

4) 스탠스 폭 결정(볼의 현상과 볼의 상태).

5) 하체 고정 및 그립 조정(신발 밑창을 모래 속에 들어가 고정하고, 그립은 짧게 내려 중, 하 그립을 선택한다).

6) 클럽 바운스 두께 확인 후 볼 뒤쪽 모래 두께를 결정한다.

7) 스윙 크기 결정.

23-27 페어웨이 벙커 루틴

1) 벙커 전방 턱 높이를 확인한 후 클럽을 선택한다.
2) 목표 IP 지점까지 거리 확인.
3) 클럽 확정.
4) 스탠스와 볼의 위치 X-Y축 결정.
5) 하체 고정 시 발바닥은 V자 어드레스 적용 하체 일체화한다.
6) 스윙 크기 결정한다.
7) 무릎과 척추 기울기의 변화 없이 클럽페이스로 직접 볼을 임팩트 한다.

— 벙커 안에서 스탠스 취할 때 모래를 밀치거나 가져오면 2타 벌타이다. 클럽에 모래가 닿아도 2타 벌타이다.

— USGA, R&A rule 12.2b Restrictions on Touching Sand in Bunker. 2타 벌타: 클럽이 땅에 닿지 않도록 셋업해야 한다.

24장 퍼팅게임이란?

24-1 퍼팅 예절

— 미리 준비한다.
— 그린을 보호한다.
— 마크한다.
— 자신이 낸 디봇은 자신이 수리한다.
— 동반자의 라이를 보호하여야 한다.
— 루틴에 들어간 플레이어의 시선을 방해하지 않아야 한다.
— 상대 골퍼가 어드레스에 들어가면 조용히 하고 움직이지 않아야 한다.
— 환호성으로 근접 홀에 있는 플레이어에게 피해를 주지 말아야 한다.
— 진심으로 기뻐해 주어야 한다.

24-2 주시에 따른 볼 위치와 어드레스

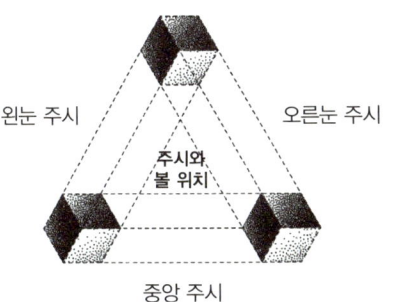

24-3 퍼터 평면 전개도

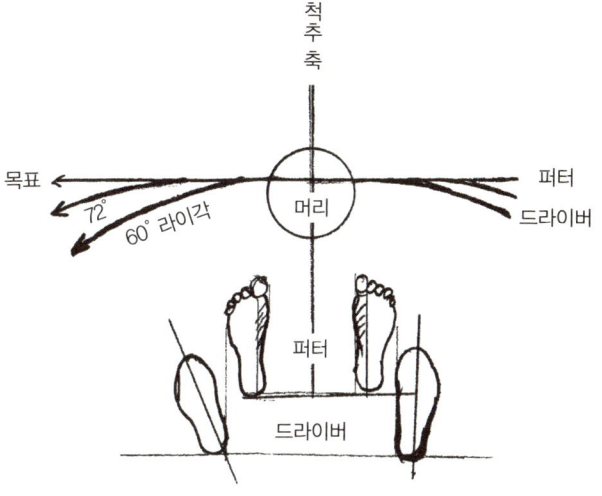

24-4 퍼팅 정보수집 3대 요소

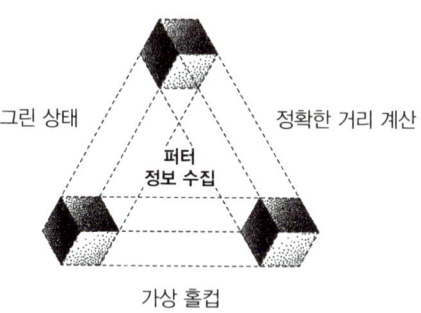

24-5 퍼팅 루틴

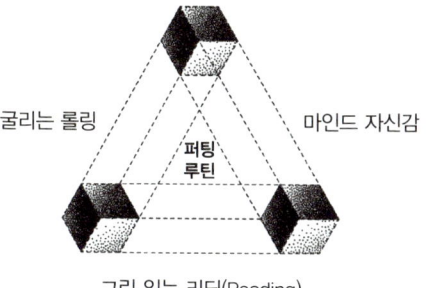

1) 굴리는 법의 스트로크 = 가슴 중심축 시계추 방식.
2) 때려서 치는 탭 방식 = 가슴 중심축 시계 방식. 볼 위치는 중앙 오른쪽이다.
3) 헤드로 굴리는 세계적인 선수는 로리 맥길로이, 조던 스피스 등이 있다. 핸드퍼스트 방식은 라이앵글 70~6도, 일반 74도~4도로써 데이브 스탁턴이 개발한 방법이다. 공통점은 팔로 스루가 낮은 것이다.

24-5 그린 경사를 읽는 리딩(Reading) 방법

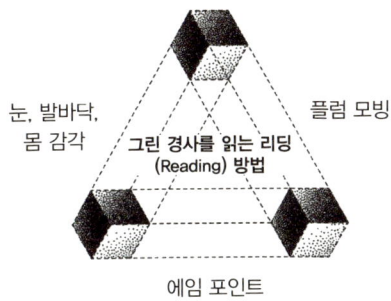

- 눈과 발바닥, 몸으로 느낀다.
- 에임 포인트: 오른손가락 검지, 중지, 간지, 약지로 중력에 따라 손가락 개수를 정한 다음, 높은 쪽 반대 방향 홀컵 끝에 손가락을 겨냥하여 포인트를 찾는 방법으로, 거리에 따라 팔꿈치로 조절한다. 롱 퍼터는 팔을 굽히고, 쇼트 퍼터는 팔을 멀리 편다.
- 플럼 모빙: 가까운 거리에서 미세한 경사를 감지하는 루틴 방법으로 심리적인 것이 크다. 퍼터를 볼 위에 수직으로 떨어뜨리고 홀컵이 샤프트 좌우 어느 방향으로 보이는지 확인한다.

24-5 퍼터 스트로크 분류

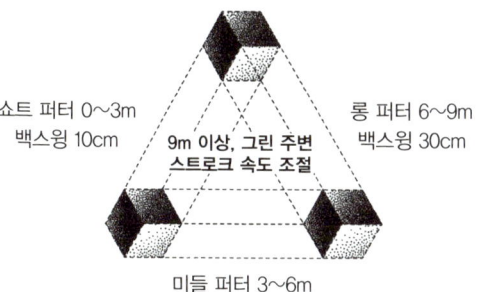

쇼트 퍼터 0~3m
백스윙 10cm

9m 이상, 그린 주변
스트로크 속도 조절

롱 퍼터 6~9m
백스윙 30cm

미들 퍼터 3~6m
백스윙 20cm

— 9m까지는 1:1 스트로크이며, 속도는 메트로놈에 맞추어 일정해야
한다. 단 9m가 넘으면 속도로 거리를 조절하고 래그 퍼터 방법으로
한다.

백스윙 크기	그린스피드/거리(m)		
	2.5	2.7	3.0
10cm	2m	3m	4m
20cm	4m	6m	8m
30cm	6m	9m	12m

※ 스윙 크기1:1 & 1:1.5   ※ 30cm 이상은 헤드스피드로 조절

24-5 홀컵 분할법

2등분 분할: 좌 → 중 → 우

3등분 분할: 좌안, 좌끝 → 중 → 우안, 우끝

21등분 분할: 108/5 = 21방향

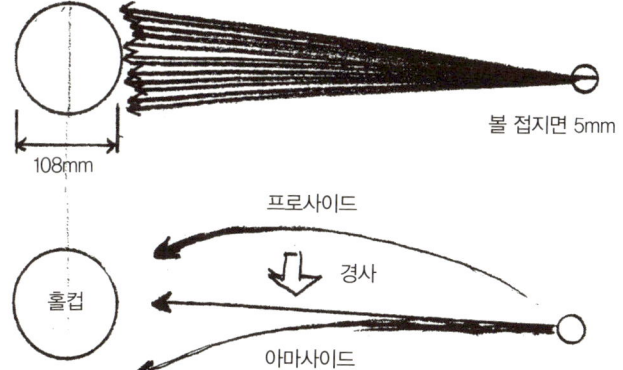

볼 접지면 5mm

108mm

프로사이드

경사

홀컵

아마사이드

24-9 퍼팅 그립

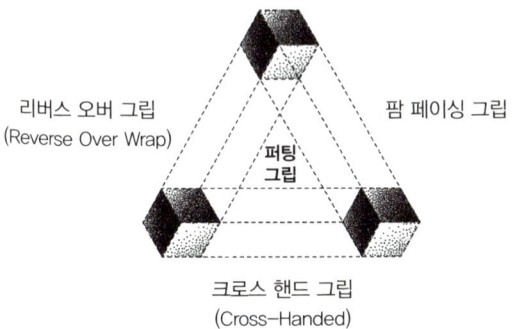

— 폴 런안(Paul Runyan), 두 손으로 잡는(Split-Handed Grip) 주로 긴 퍼터 사용.

24-10 퍼팅 스탠스

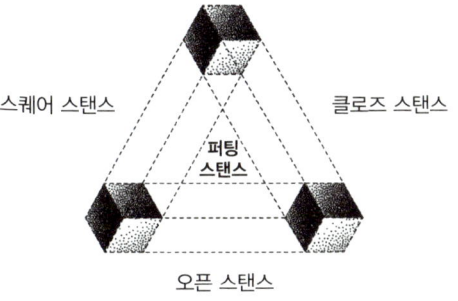

24-11 퍼터 서는 법

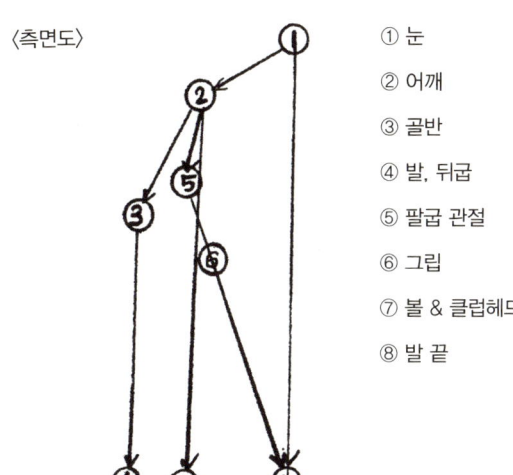

〈측면도〉

① 눈
② 어깨
③ 골반
④ 발, 뒤굽
⑤ 팔굽 관절
⑥ 그립
⑦ 볼 & 클럽헤드
⑧ 발 끝

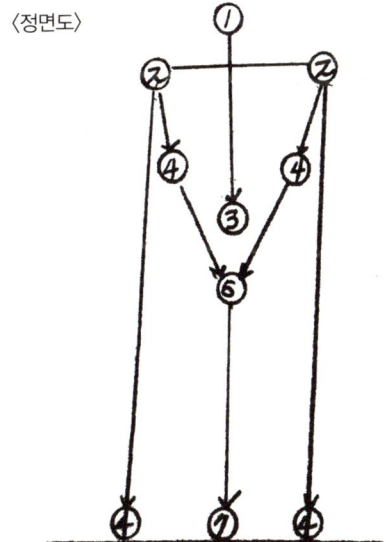

〈정면도〉

24-12 거리 계산

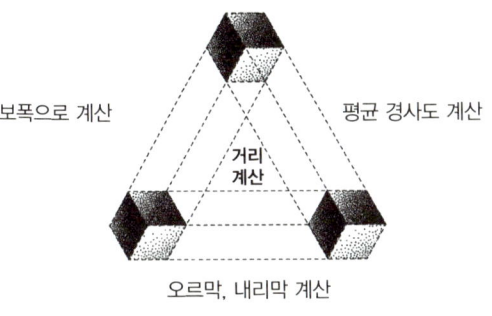

- 보폭으로 계산한다.
- 오르막 경사 10도면 거리에 10%를 더해 준다.
- 내리막 경사 10도면 거리에 15%를 빼준다.
- 겹친 경사도는 전체 평균 경사각을 읽어서 적용한다.

예) 경사 20도, 10m는 오르막이면, 10+2=12m. 내리막은 10-(2-1)=7m.

24-13 퍼팅 볼 위치

주시 오른 눈 중앙
왼쪽 4cm

주시와 상관없이
오른발,왼발 앞

퍼팅
볼 위치

주시 왼눈 중앙 왼쪽 8cm

24-14 스탠스 = 오픈 – 스퀘어 – 클로즈

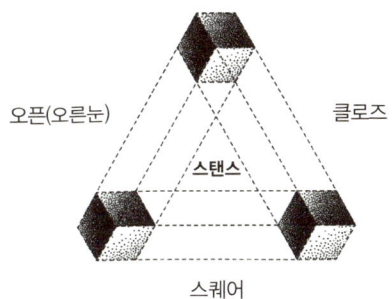

24-15 페이스 = 토우 – 스윗스팟 – 힐

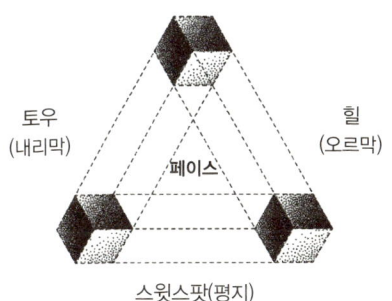

24-16 퍼터 어드레스

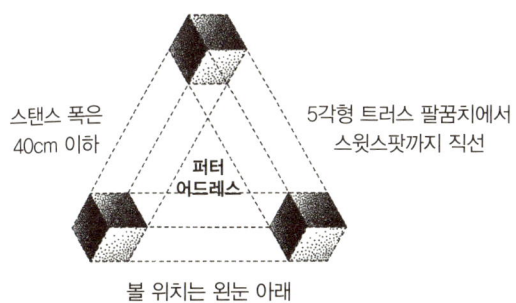

24-17 경사면 스트로크 비율

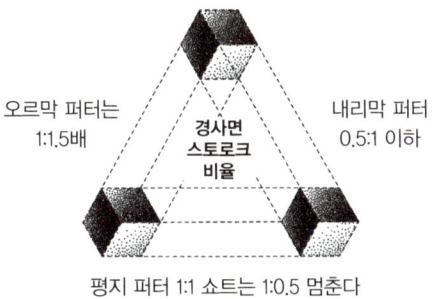

오르막 퍼터는
1:1.5배

경사면
스트로크
비율

내리막 퍼터
0.5:1 이하

평지 퍼터 1:1 쇼트는 1:0.5 멈춘다

― 스트로크할 때 왼쪽 어깨를 낮게 가져가면 머리가 움직이지 않는다.

24-18 퍼터의 감각

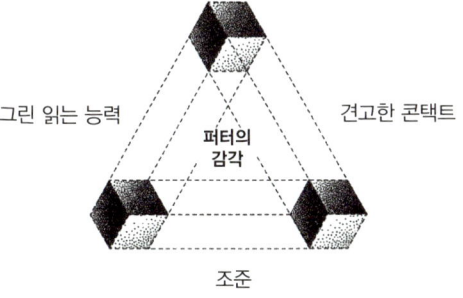

그린 읽는 능력

퍼터의
감각

견고한 콘택트

조준

― 그린 상태가 매우 좋지 않으면 주로 오른손을 사용하여 오픈 투 클로즈 동작으로 볼 위를 쳐서 오버스핀이 더 많이 들어가게 한다.

24-19 퍼팅 멘탈

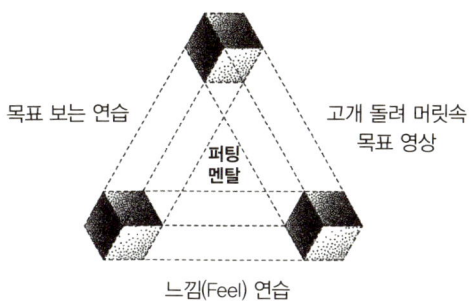

24-20 퍼팅 정보수집

— 거리.
— 그린 전체 경사.
— 주변 산봉우리 확인.
— 잔디 결.
— 그린 스피드 요인 확인(잔디 길이, 습도, 관리).
— 홀컵 30cm 주변 변화.

24-21 퍼티 프리샷 루틴

1) 마크.
2) 거리측정(보폭).
3) 반대 방향에서 경사 그린 상태 확인.
4) 홀컵 주변 변화 확인.
5) 낮은 지역에서 높은 쪽으로 보면서 경사 확인.
6) 낮은 쪽 대각선에서 확인.
7) 얼라인먼트 순서에 따라 셋업.
8) 방향, 거리, 영상에 담고 스트로크.

24-22 퍼팅 얼라인먼트(Alignment) 순서

1) 척추 축.
2) 양팔 5각 트러스 만들기.
3) 양팔 관절에서 클럽 샤프트 일직선 만들기.
4) 볼 위치는 왼눈 아래(주사 오른 눈 중앙 왼쪽 4cm, 왼눈은 8cm 왼쪽).
5) 스탠스 40~30cm 유지(바람이 많이 불면 스탠스는 더 넓게 취한다).
6) 점검과 확인 통한 영상(볼 50cm 앞에 중간점을 잡는다. 경사도에 따라 가상 홀컵을 만들고, 러프는 러프의 길이만큼 한 번 더 더해준다. 오르막 내리막에 따라 왼발, 오른발 축 무게와 비중 변한다).
7) 어깨 근육 극상근 스트로크하기.

24-23 퍼팅 셋업 순서

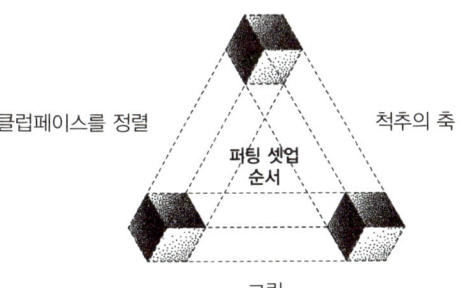

254

24-24 퍼터 느낌

— 왼발에 체중을 살짝 주면 퍼터가 스트로크 잘된다는 느낌.
— 체중을 양쪽 발바닥에 내려서 안정감 있는 스트로크 느낌.
— 퍼터 공 따라 홀 쪽으로 더 보내는 느낌으로 스트로크.
— 퍼터 페이스를 밀어 올리면서 굴리는 느낌.
— 양쪽 어깨로만 스트로크하는 느낌.
— 왼 팔꿈치로 홀컵&가상지점으로 스토로크하는 느낌.

24-25 퍼팅 감

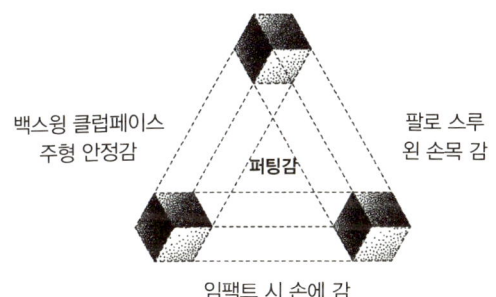

24-26 경사면 볼의 굴절

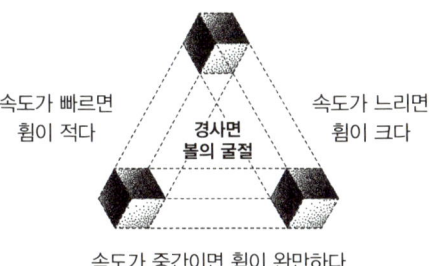

24-27 오른손 바닥 그립

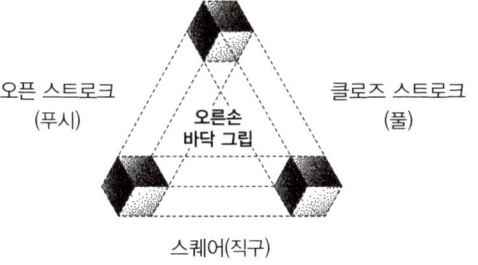

24-28 임팩트

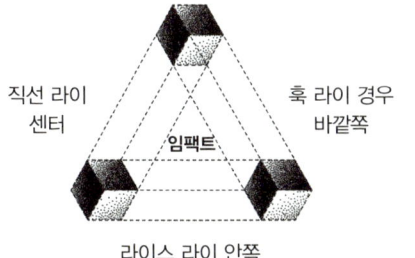

— 퍼터는 올려칠 필요가 없다. 퍼터 페이스가 이미 2도, 4도 정도 위로 기울어져 있기 때문이다.

24-29 그립 잡는 법

— 왼손 손등은 목표 방향으로 하고, 엄지손가락은 그립 중앙에 부착한다. 그립 끝 1인치는 잡지 않는다.
— 왼쪽 생명라인 그립 모서리에 붙여 잡고, 두 손 엄지를 그립 중앙 상단에 나열한다.
— 퍼터 헤드를 바닥과 평편하게 둔다.
— 두 팔의 팔꿈치는 샤프트와 일직선을 이루도록 그립을 앞으로 들어서 정렬한다.
— 볼을 왼쪽 눈 아래에 두고 에임 한다.
— 두 팔꿈치를 오므려 겨드랑이에 살짝 붙는 느낌으로 몸과 일체화한다.
— 오른손 그립 압력은 바디와 어깨가 경직되지 않도록 헤드와 몸이 일체감을 느끼는 압력이다.
— 그립 압력은 스윙 속도에 비례한다.

24-30 퍼터 스윙

— 손과 팔을 고정한다.
— 머리를 고정한다.
— 체중을 고정한다.
— 머리를 축으로 어깨의 동력이 된다.
— 척추 기울기 따라 궤도가 변한다.
— 스윙 속도에 일관성이 있어야 한다.

24-31 경사 읽기

— 그린 전 경사도를 먼저 확인한다.
— 어프로치 후 구르는 방향을 보고 경사, 속도를 감지한다.
— 잔디의 결을 파악한다.
— 홀 주변 30cm 안쪽 변화를 확인한다.
— 낮은 곳에서 높은 쪽으로 경사를 확인한다.
— 먼저 퍼팅한 골퍼의 구르는 볼을 참조한다.

24-32 경사 퍼팅

— 경사면 읽기: 아담 스콧, 리디아 고 등은 중력과 발로 감지한다. 타이거 우즈, 아니카 소렌스탐은 눈으로 감지한다.
— 오르막 경사는 평지보다 가깝게 보이므로 좀 더 강한 임팩트를 한다.
— 내리막 경사는 평지보다 멀리 보이므로 약한 임팩트를 한다.

24-33 에임 변화 요소

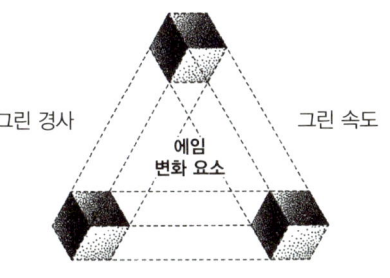

24-34 쇼트 퍼팅 연습

— 임팩트 후 볼 밑 잔디를 본다.
— 귀로 홀인되는 소리를 들으면 좋다.
— 체중은 완전히 고정시킨다.
— 홀컵 반대 방향으로 똑바로 백스윙한다.
— 백스윙 크기를 작게 가져간다.
— 임팩트 시 헤드는 가속한다.
— 홀컵 30cm 지나가는 거리로 스트로크한다.
— 볼을 홀컵으로 밀어 넣듯 클럽페이스는 볼을 따라간다.
— 연습 그린에서 볼로 볼 맞추는 연습을 한다.
— 동서남북 퍼팅 연습한다.
— 메트로놈으로 템포, 리듬을 만든다.
— 팔로만 또는 백스윙만 연습하다가 풀 스트로크한다.
— 임팩트 존을 바르게 가져간다.
— 퍼팅 주형(Putting Template)을 깔아 놓고 연습한다.
— 홀컵 좌, 우 끝과 볼까지 삼각형 보기.

24-35 롱 퍼팅 연습

— 백스윙 크기, 속도로 거리를 조절한다.
— 홀 근처에 붙인다는 느낌으로 한다.
— 어드레스를 조금 높게 한다.
— 정확한 타점에 임팩트한다.
— 프리샷 루틴을 정교하게 한다.
— 오랫동안 보고, 눈 감고 스윙을 연습한다(동전 놓고 연습한다).
— 눈은 홀컵을 보고 스윙 스피드로 홀컵에 넣는 연습한다.
— 반복 훈련으로 연습량을 늘려야 한다.

24-36 파티 진행

— 헤드 인원.
— 힐링 타점.
— 부드러운 페이스.
— 랭이 34인지, 33인지.
— 그길 못가.
— 사포르 쓰이기 좋게인.
— 헤드의 무기에서 전체 무기 중심.

24-37 퍼터 정리

- 그립 압력은 거리가 멀수록 부드럽게 잡는다.
- 볼 가운데서 왼쪽이 왼눈 아래 위치한다.
- 홀컵을 볼 때는 곁눈질로 보아야 한다.
- 볼에 줄을 그어두어 클럽페이스 직각인 상태 확인한다.
- 짧은 퍼터일수록 홀컵 뒷벽을 겨냥하여 단호하게 스트로크 한다.
- 짧은 퍼터는 볼 뒤쪽에서 연습스윙을 하고 롱 퍼터는 볼 옆에서 연습스윙하면 몸이 좀 더 인식한다.
- 오른손 엄지 손톱으로 직선을 그리면서 스트로크한다.
- 홀컵은 108mm이고 볼이 지면에 닿아 있는 면적은 5mm이다.
- 내리막 퍼팅은 클럽페이스의 스윗스팟이 어디에 위치하느냐가 중요하다.
- 출발 때 퍼터 페이스 4~6도 기울어져 임팩트 후 볼은 지면에서 띄워진다.
- 내리막 라이에서 볼이 처음부터 지면에 마찰을 가져가면 덜 굴러 간다.
- 오르막은 가까워 보이고, 내리막은 멀어 보인다.
- 하체는 움직이지 말아야 한다.
- 백스윙에 문제가 있으면 어드레스, 얼라인먼트를 점검한다.
- 극상근(경갑골)은 퍼팅에서 중요한 근육이며 상, 하 움직임이 거리와 방향을 결정한다.
- 목과 어깨를 분리한다.
- 두 팔을 겨드랑이에 가볍게 붙인다.
- 체중을 양발에 균등하게 두고 왼발 벽을 인식한다.
- 스탠스는 다양하나 목표 방향과 평행한 스퀘어 스탠스가 좋다.
- 쇼트 퍼터의 성공 비결은 감속하지 말고 가속하는 것이다.
- 롱 퍼팅 라이는 3등분하여 읽어야 한다.
- 훅, 슬라이스 경사는 에임이 중요하다.

데이브 펠츠(Dave Pelz's) 퍼팅 바이블에서
- 내리막 퍼팅이 오르막보다 거리 정확도가 3배 더 중요하다.

— 대표 피트니스 업 가지의 통합 그래미에서 룰 공이이 공동이다.

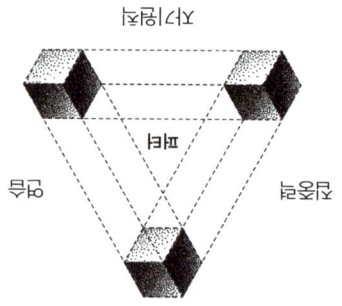

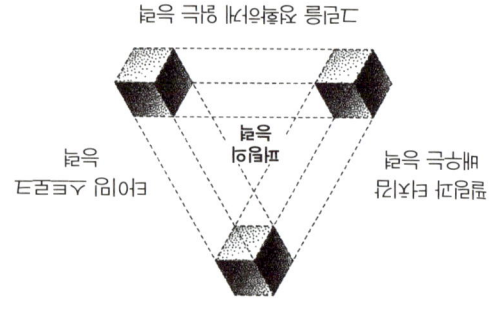

24-38 피트 등위

24-39 스트로크 종류

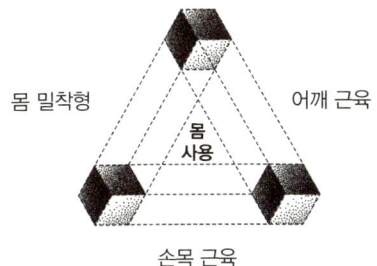

— 바디퍼팅: 팔, 손목, 양손 몸에 밀착되어 스트로크하는 방법이다.
— 파워 스트로크: 아늘드 파머는 손목 근육으로 스트로크하고, 타이거 우즈는 팔 근육으로 한다.

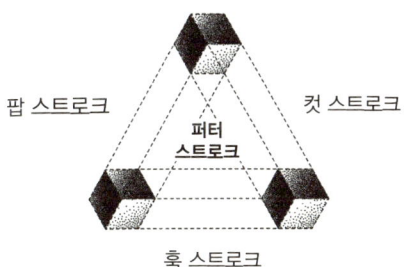

— 팝 스트로크는 게리 플레이어처럼 백 스트로크가 일반적으로 짧고 팔로 스루를 하지 않는 스트로크이다.
— 훅 스트로크: 스탠스를 클로즈하여 인에서 아웃으로 스트로크한다.
— 컷 스트로크: 스탠스를 오픈하고 아웃에서 인으로 스트로크한다.

24-40 기타 스트로크

— 손목 스트로크: 손목 근육으로 스트로크한다.
— 블록 스트로크: 안에서 밖으로 밀어내는 스트로크를 한다.
— 혼합형 스트로크: 위 방식 혼합하여 스트로크한다.
— 푸쉬 스트로크: 잭 니클라우스는 오른손. 팔이 왼쪽 뒤에서 오른손
  팔을 주도적으로 스트로크한다.
— 긴 퍼터: 시계추형 스트로크. 조이아처 팔, 손을 이용하되 힘이 개
  입되지 않는 스트로크형.

24-41 일직선 스트로크

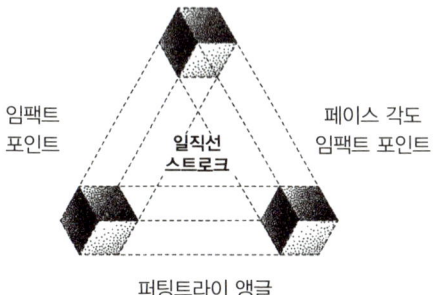

임팩트
포인트

일직선
스트로크

페이스 각도
임팩트 포인트

퍼팅트라이 앵글

— 임팩트 각도는 페이스가 움직이는 각도이며, 임팩트 포인트는 공 퍼
  터가 만나는 점이다. 스핀 없이 굴러가는 볼이 가장 좋은 퍼터이다.

24-42 퍼터의 자세

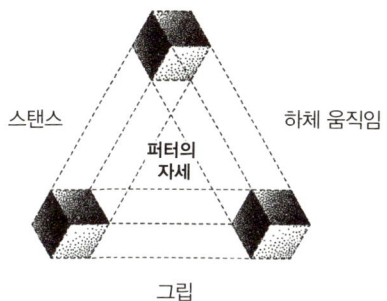

24-43 퍼터의 감각

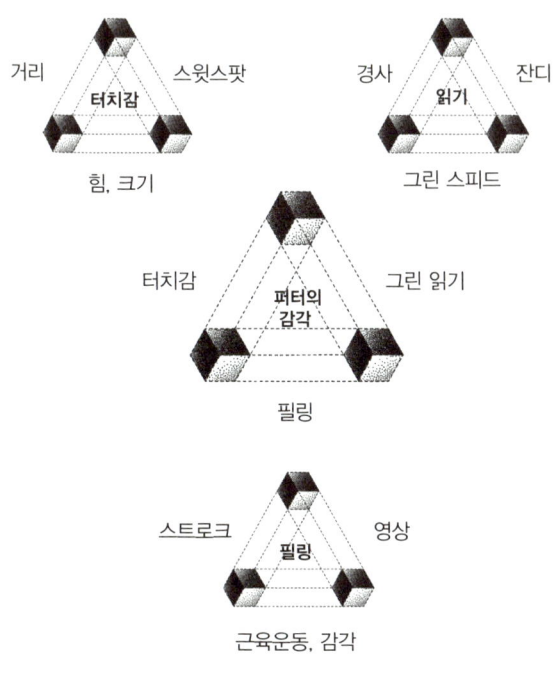

— 터치감: 거리, 힘 크기.
— 필링: 스트로크 크기, 근육 운동 감각.
— 읽기: 경사, 그린 스피드, 잔디.
— 인간 근육의 단기 기억 시간은 8초.

24-44 브레이크란 무엇일까?

— 브레이크가 크면 홀 아래로 지나가게 하는 실수를 한다.
— 아주 빠른 경사에서 나타나는 현상. 보상 동작은 절대 금물이다.
— 실제 브레이크는 눈에 보이는 것보다 3배가 크다.
— 잔디결은 공이 홀 가까이에 도달하면 가장 크게 영향 미친다.
— 그린 스피드는 볼 트랙에 영향 미친다.
— 스팀프미터(Stimpmeter) 213~335cm.
— 자신의 리듬을 발견하라.

24-45 서는 자세

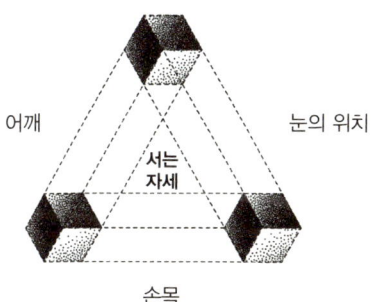

— 헤드 무게가 무거울수록 느린 스윙이 된다.
— 로프트 각도에 따라서 퍼터가 공에 접촉하는 부분이 달라진다.
— 한 가지 퍼터를 고수하라.

24-46 레이저 에이머(Lazr Aimer) 조준 방향 체크

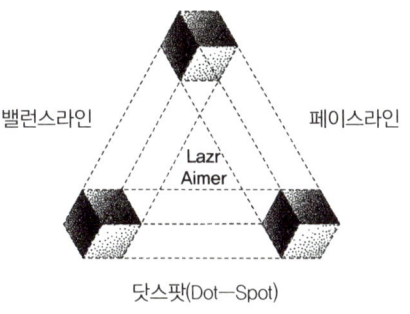

밸런스라인

페이스라인

Lazr Aimer

닷스팟(Dot—Spot)

24-47 퍼팅 연습법

트랙 연습

터치터치 메트로놈

퍼팅 연습법

엘리베이티드 에임라인(Elevated Aimline) 이용하기

24-48 터치감

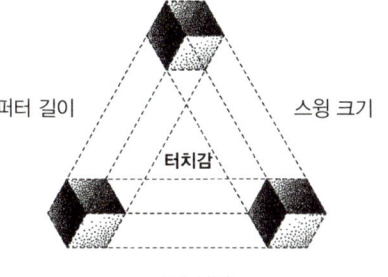

퍼터 길이

스윙 크기

터치감

그린 상태

24-49 필링

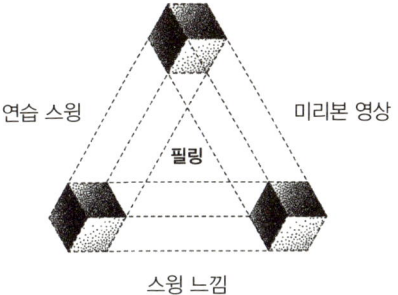

24-50 읽기

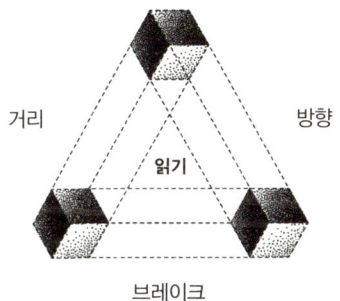

24-51 미리본 영상

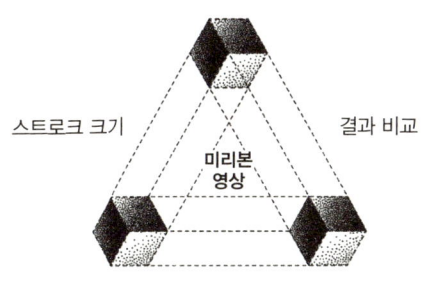

— 스키 장갑을 끼고 눈 감은 상태로 연습한다.

24-52 퍼터 실전 연습법

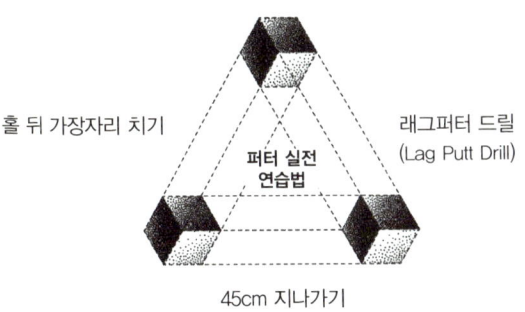

홀 뒤 가장자리 치기

래그퍼터 드릴
(Lag Putt Drill)

**퍼터 실전
연습법**

45cm 지나가기

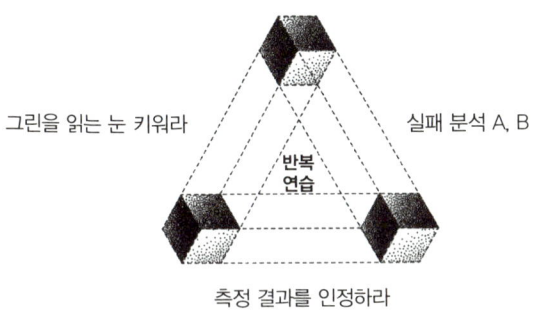

그린을 읽는 눈 키워라

실패 분석 A, B

**반복
연습**

측정 결과를 인정하라

24-53 읽기(Reading)

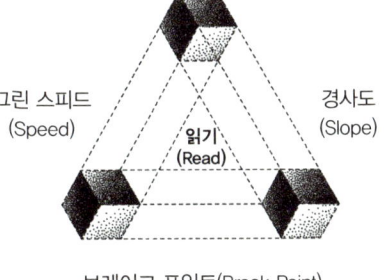

그린 스피드
(Speed)

경사도
(Slope)

**읽기
(Read)**

브레이크 포인트(Break Point)

─ 브레이크 포인트를 그리며 진행하도록 스트로크한다.

24-54 5단계 루틴(45초~60초)

1) 볼 뒤에서 홀컵 방향.
2) 경사의 아래쪽, 중간 지점, 위쪽으로 경사를 읽는다.
3) 홀컵 뒤쪽에서 볼 방향을 읽고 홀컵 주변을 확인.
4) 볼 왼쪽 대각 방향에서 확인.
5) 볼 왼쪽 가까이서 최종 확인.

24-55 퍼터 멘탈

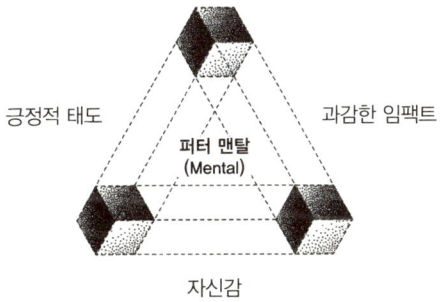

24-56 퍼터에서 중요한 단어

— 조준.
— 손, 손목 사용하지 말라.
— 궤적, 에임라인 일직선.
— 임팩트 순간 페이스 각.
— 스윗스팟.
— 에임 라인 평행 유지.
— 퍼터 길들이기.
— 미리보기.
— 신체리듬 8초 이내.
— 터치감.
— 필링(마음에 눈).
— 그린 읽기.
— 안정성, 스트로크.
— 리듬, 신체 리듬.
— 긍정, 적극, 단호.

25장 트러블샷이란?

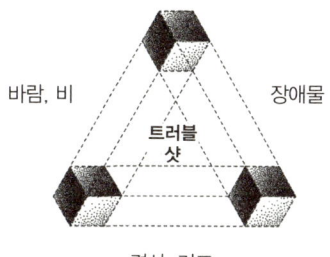

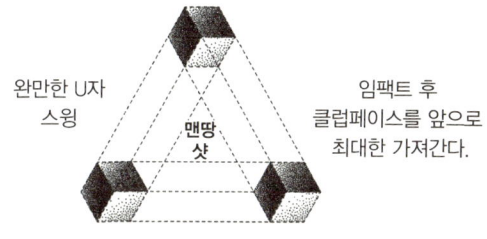

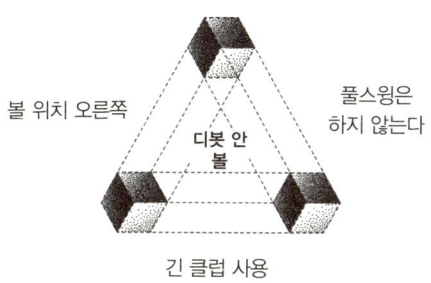

1) 그립을 짧게 잡는다.
2) 임팩트 순간 손이 볼보다 앞에 있어야 한다.
3) 낮은 탄도로 디봇 자국 빠져 나온다.
4) 그린을 바로 공약할 때 클럽페이스를 열어 준 다음 목표 오른쪽에서 왼쪽으로 친다.

1. 디봇 속 어프로치샷

1) 바운스가 얇은 클럽을 선택한다.
2) 클럽 세우고 클럽페이스 각도를 줄여서 스윙한다.
3) 손목 힘 빼고 클럽페이스(토우) 부분을 닫아준다.
4) 다운블로 스윙한다.
5) 볼 포지션을 오른쪽에 놓고 목표 오른쪽을 조준한다.
6) 팔로 스루에서 클럽을 정지시킨다.

2. 러프에서 샷

1) 클럽과 러프의 접촉을 최소화한다. 업라이트 스윙이 유리하다.
2) 스탠스, 클럽페이스를 오픈한다.
3) 목표는 왼쪽을 겨냥한다.
4) 그립은 Hand First를 취한다.
5) 체중은 왼발에 준다.
6) 백스윙을 줄여서 한다.
7) 골반, 하체 움직임을 억제한다.
8) 다운스윙을 가파르게 하고 손목 각도를 유지하고 손이 먼저 가야 한다.
9) 로프트가 큰 클럽을 사용한다.
10) 볼을 오른발 쪽에 놓는다.
11) 클럽을 강하게 잡는다.
12) 백스윙 시 손목 코킹을 빨리 가져가 가파르게 올린다.
13) 피니시까지 스피드를 유지한다.
14) 평소 거리보다 한 클럽 작은 클럽을 선택한다.
15) 임팩트 순간 그루브 사이에 잔디가 끼어서 플라이 볼이 나온다.
16) 왼손 3손가락으로 단단히 잡고 손목 힘을 빼는 것이 중요하다.
17) 클럽헤드를 볼 바로 뒤쪽에 놓고 볼 뒤쪽 바운스 저점에서 피니시한다.
18) 팔, 어깨 힘을 빼고 헤드 무게만으로 스윙한다.

3. 그린 주변 깊은 러프샷

1) SW를 선택하여 볼 뒤쪽 10cm에 클럽을 먼저 놓고 다운스윙 중 그곳으로 클럽을 접근한다.
2) 어프로치샷 중 커트샷 방법으로 한다.
3) 임팩트 후 멈추고 클럽을 뒤로 빼듯이 한다.
4) 벙커샷과 같은 방법으로 샷하지만 볼을 치고 뒤로 빠지는 것이 중요하다.

4. 펀치샷

1) 볼의 위치를 평소 위치보다 한 개 오른쪽에 둔다.
2) 미들 아이언 이하 두 손 핸드퍼스트 어드레스와 클럽페이스는 목표 방향이다.
3) 왼발 안쪽에 체중을 둔다.
4) 테이크 어웨이 할 때 코킹을 빨리 한다.
5) 클럽페이스가 다운스윙 중 하향 방향으로 임팩트되어야 한다.
6) 클럽 크기, 팔로 스루 크기에 따라서 디봇이 볼 앞에 만들어져야 한다.
7) 손목을 강하게 가져가야 한다.
8) 볼의 비행 각도가 낮고 왼쪽 방향에 드로 볼이 나오도록 한다.
9) 임팩트 순간 몸 배꼽 위치와 클럽 그립 위치가 동일한 선상 목표 방향으로 한다.
10) 팔로 스루 시 손목 릴리즈를 제어한다(팔로 스루 짧게 가져간다).
11) 펀치샷 볼이 낮으면 바람의 영향을 덜 받는다.
12) 맨땅에서는 먼저 스윙 U자 모양으로 낮게 스윙한다. 볼을 먼저 임팩트 후 클럽페이스를 낮게 가져간다.
13) 볼이 오른발 앞에 위치하고 클럽페이스를 닫고 클럽을 가파르게 임팩트한다. 다리와 엉덩이가 손보다 앞쪽.

26장 장타 팁은?

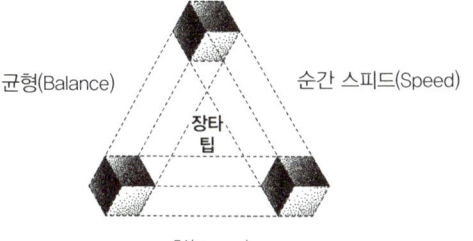

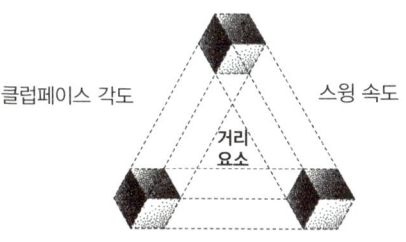

— 스윙 속도는 같은 시간에 헤드가 움직인 길이, 라디안 R이다.
— 라디안 R을 길게 만드는 방법은 딜레이드 히트가 있다.
— 헤드의 딜레이드 시간을 길게 가져가는 방법은 그립과 복근이다.
— 몸의 유연성에서 만들어 진다.
— 근육 힘으로 타이밍을 가지면 장타가 난다.

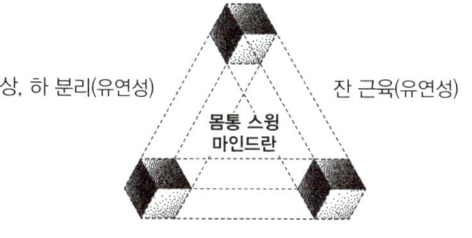

— 어깨 근육(바디)이 빠른 스윙에 영향을 준다.
— 스윙을 강하게 하면 하체가 멈추는 현상이 일어난다.
— 스윙을 멈추지 말고 끝까지 돌아야 한다.
— 멋진 스윙은 턴에서 만들어진다.
— 외부적인 생각과 내부적인 스윙이 루틴이다.
— 복근과 골반을 경계로 상하 분리하여 구분한다.

볼(에너지)

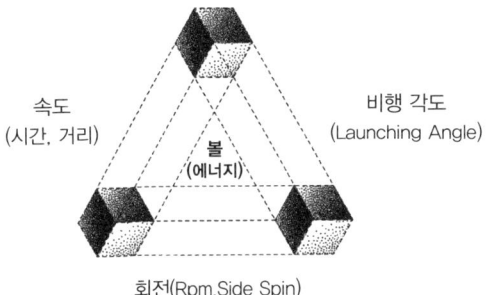

속도

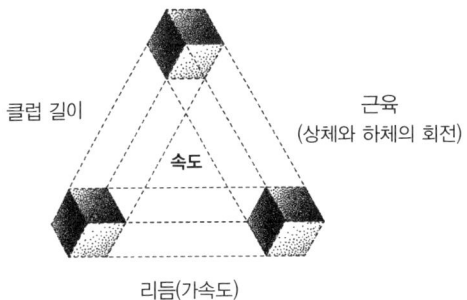

볼 회전

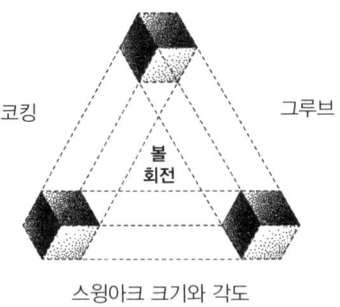

코킹 　　　　　 그루브

볼 회전

스윙아크 크기와 각도

비행 각도

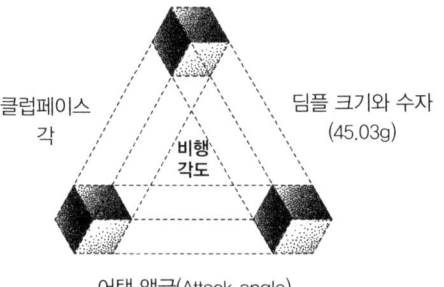

클럽페이스 각 　　　　 딤플 크기와 수자 (45.03g)

비행 각도

어택 앵글(Attack angle)

— 템포는 골퍼의 스윙 속도를 말하고, 리듬은 가속도를 말한다.
— 리듬은 임팩트 순간 타이밍을 위한 용어들이다.

거리 요소

피팅
1. 클럽페이스 각.
2. 클럽 샤프트 길이.
3. 샤프트 휨모멘트 토크 발란스.
4. 헤드 재질 반발계수.

티칭
5. 스윙스피드: $V=mg$.
6. 스윙아크의 크기: back follow.
7. 스윙앵글(코킹): 손목, 어깨.
8. 스윙 각도: 스윙아크의 수직 각도.
9. 복근, 광배근, 대둔근, 팔 근육.
10. 임팩트: 타이밍, 스윗스팟.

27장 골프 연습과 교정방법

1. 그립 잡는 방법

— 오른손으로 그립 아래 부분을 잡고 앞으로 들어 45도 대각선 방향으로 돌린 다음 왼손으로 그립을 잡고 오른손 그립을 잡는 연습법.
— 클럽 바운스 바닥에 리딩에지를 일직선으로 정렬한 다음 왼손, 오른손 순서대로 연습법.
— 그립 상부 압축면을 열고 뒤로 넘어져 그립 아래 인장면에 손가락 을 밀착시키는 연습법.
— 오른손으로 클럽을 짧게 잡고 백스윙 톱에서 검지손가락 마디에 그립을 올려놓는 연습법.
— 피니시 끝까지 그립 놓지 않고 스윙하는 연습법.
— 종이를 접어 오른손 검지와 그립 사이에 끼우고 단단하게 잡는 연습법.
— 오른손 엄지와 검지 사이에 티 끼우고 그립 잡는 연습법.

2. 백스윙 연습법

— 백스윙 톱에서 오른 손바닥은 하늘 방향. 오른쪽 어깨 회전하는 연습법.
— 어드레스 상태로 왼손 잡아 놓고 활시위 당기는 느낌 연습법.
— 오른쪽 어깨로 문 열었다 닫았다 하는 연습법.
— 머리가 그립을 보고 따라가면 회전이 커진다(초보자).
— 왼발을 들어주면서 돌리면 커진다(초보자).
— 오른발, 왼발을 오픈하면 커진다(고령자/굳은자).
— 수건을 볼 겨드랑이에 넣고 백스윙 연습법.
— 백스윙 어웨이 1, 2, 3을 반복하는 스윙 연습법.
— 백스윙 톱에서 3까지 세고 다운스윙하는 연습법/메트로놈 켜놓고 백스윙 연습법.
— 펌프(Pump Drill)로 슬롯(Slot)을 찾는 연습법: 1단계, 2단계, 3단계 연습법.

— 볼 푸시 어웨이 드릴 연습법.
— 투어클락 드릴 연습법(키 큰 골퍼).
— 얼리 코킹 드릴 연습법(키 작은 골퍼).
— 풍선볼/ 페트병/ 간격 조절장치를 두 팔에 끼고 백스윙 연습법.
— 팔에 힘 빼는 방법: 코킹하면 클럽이 가벼워지고, 가벼워지면 팔과 손목, 어깨에 힘이 빠져 헤드스피드가 빨라지고 거리는 늘어난다.

3. 다운스윙 연습법

— 고무줄 당기기: 왼손 당기기, 오른손 당기기, 바디로 당기는 연습법.
— 스윙 방망이/ 클럽으로 펌프드릴 1, 2, 3 연습법.
— 평지, 경사, 비탈 임팩트 백치기 연습법.
— 벽에 코킹된 그립 끝에 대고 옆구리, 왼팔 스트레칭하는 연습법.
— 오른발 뒤로 빼고 하프 스윙, 왼발 벽 만드는 연습법.
— 딜레이드 히트 연습봉으로 샤프트 슬롯 연습법.

4. 임팩트 캐스팅 연습법

— 0도 웨지 클럽 바운스 놓기. 백스윙 1에서 팔로 스루 1까지, 백스윙 2시에서 팔로 스루 2까지, 풀스윙 연습법.
— 오른발 뒷 굽에 볼이나 클럽 샤프트 밟고 백스윙 2에서 팔로 스루 2까지 연습법.
— 평지/ 경사면/ 비탈/ 샌드백 임팩트 연습법.
— 볼 앞에 동전 놓고 바운스로 치기 연습법.
— 임팩트 백치기, 왼쪽 축 훈련, 복근 힘으로만 연습법.

5. 팔로 스루 연습법

— 스윙 방방이/ 클럽으로 어드레스 상태에서 백스윙하지 않고 팔로 스루 피니시까지.

팔로 스루 1, 2, 3 단계별 스윙 연습법.

— 7번 아이언으로 백스윙 하지 않고 볼 따라 팔로 스루 피니시까지 100회 연습법.

— 연습장에서 골프 볼을 오른손으로 들고 오른팔 펴서 어깨 너머로 던지는 연습법.

— 스윙 크기 단계별 스윙하기. 백스윙 기준 7시, 8시, 9시, 10시, 11시, 12시(팔로 스루는 백스윙 1.5배) 연습법.

— 오른팔 손목으로 왼 팔꿈치 막아주고 팔로 스루 연습법.

— 팔로 스루 팁: 다운스윙 아크가 작아지면 팔로 스루가 커지며, 그립 끝을 몸쪽으로 가져오지 말고 밖으로 가져가야 팔로 스루가 크게 만들어 진다. 머리를 뒤에 두면 들면서 잡아당기는 샷 등 많은 문제점 이 생긴다. 임팩트 때 콧날 바르게 하거나 앞으로 살짝 머리가 이동하는 것이 좋다. 팔로에서 아래로 당기면 페이드 구질이 나오고, 높게 하면 드로우 구질 나온다.

— 팔로 스루 치킨 윙 교정법(상체가 뒤집어 지는 골퍼): 발을 일자로 모으고 어드레스한 다음. 오른발을 뒤로 빼서 발끝으로 서서 백스윙 2-팔로 스루 2까지 스윙 아이언 연습법.

6. 피니시 연습법

— 스윙 방망이로 피니시 동작 만들기.

— 임팩트 샌드백을 들고 왼쪽 어깨 위에 올려 두고 왼 발바닥 앞쪽 들어 중심 잡기.

— 샤프트가 등을 치고 헤드가 전면으로 올라와 자세 잡는 연습법.

— 샤프트로 점프하여 90/ 180/ 270/ 360도 돌아 착지하는 연습법.

— 스윙 단계별 피니시 동작 연습법.

7. 오른발 & 왼발 뒤로 빼고 스윙 연습법

8. 단계별 전환 연습법

— 1, 2, 3샷 구령으로 오른발–왼발–오른발–왼발 스윙.
— 1, 2샷 구령으로 왼발–오른발–왼발 스윙.
— 1샷 구령으로 오른발–왼발 스윙.

9. 티잉 그라운드 드라이버 스윙 루틴 연습법: 후방에서 연습스윙–목표보고 들어가기–어드레스–셋업–샷 시간측정 연습법

10. 칩샷 여러 가지 클럽 연습법

— 두 팔을 어깨에 X자로 올리고, 오른발을 뒤로 빼고 왼발에 체중을 올리고 바디를 좌우로 돌리는 연습법.
— 원피스 테이크 어웨이: 그립 끝을 배꼽에 맞추어 붙이고 백스윙하는 연습. 하프 스윙 시 8시 방향에서 4시 지점까지 반복 연습법.
— 오른팔 펴서 스윙 연습.
— 왼손 장갑에 티 넣고 스윙하는 방법 팁(왼손목 꺾임 방지).

11. 퍼터 연습법

— 머리를 벽에 대고 두 손바닥을 펴서 앞을 보게 어드레스한 다음, 복근 힘으로 좌우 스윙하는 연습법.

12. 어프로치 연습법

— 목표를 의식하는 것, 볼의 터치를 의식하는 것 중 결과가 좋은 것을 선택.

13. 코킹 연습법

— 두 팔을 앞으로 뻗어서 클럽을 지면의 수직으로 세우면 손목 코킹
   이 일어난다.

14. 리버스 피봇 교정: 백스윙 시 가슴이 들리는 현상

— 왼쪽 어깨가 오른쪽 앞발을 지나는 연습으로 교정한다.
— 왼손, 오른손 그립이 백스윙 위치를 낮게 멀리 가져가는 연습.

15. 매직 어라운드(Magic Around) 연습법(플레인 인식 연습법)

— 오른손 드라이버 그립의 손등이 전면을 보도록 잡고 두 팔 가슴에
   밀착한 상태로 좌우로 회전한다. 다음은 어드레스 자세에서 바디
   턴으로 회전하면 일관성 있는 스윙 궤도 느낌이다.

16. 골반 평행(Parallel) 측방 돌기 삼각형 방향 연습법

17. 우드클럽 스윙 전, 두 팔 벌려 헬리콥터 볼 앞에 티를 꽂고 치는 연습법

18. 백스윙 하프에서 팔 삼각형 만들어 복근 스윙 연습법

19. 임팩트 펌프 드릴 후 하프 스윙하여 포스트 임팩트 삼각형 연습법

20. 볼 맞지 않으면 그립—어드레스—클럽페이스(볼 위치) 체크

21. 업어 치는 골퍼

― 백스윙 2에서 오른발바닥 앞을 들고 왼쪽으로 체중 이동 후 바디 턴으로 팔로 스루 2까지 아이언 연습법.

22. 오버스윙 현상

1) 우측 방향으로 슬라이딩 하듯이 몸이 이탈하는 현상.
2) 백스윙 톱에서 왼손 중지에서 새끼손가락까지 세 손가락이 지렛대 압력을 상실하는 현상.
3) 왼 손등이 전면으로 심하게 코핑되어 꺾이는 현상.
4) 그립을 잡은 두 팔을 몸에 붙여서 인사이드로 백스윙 중 가슴이 들리면서 나타나는 현상. 키가 큰 여성 골퍼에게서 많이 나타난다.
5) 백스윙 중 가슴이 들려 피봇하는 현상

23. 오버스윙 교정법

1) 다리 사이에 농구공을 끼우고, 하체를 견고하게 만들고, 복근 코어가 따라가지 않게 스윙하는 방법.
2) 오른쪽 겨드랑이를 붙이고 오른팔 길이를 최대한 늘려 오른쪽 바디가 정지하지 않고 회전하게 하는 방법. 퍼터 연습용 도구를 양팔에 끼우고 백스윙 연습법.
3) 백스윙 시 정수리 왼쪽으로(리버스 피봇) 가는 골퍼는 오른쪽 겨드랑이를 붙이는 연습법과 왼쪽 손목을 감아 백스윙하는 연습법.
4) 왼손으로 클럽을 수직으로 세워 잡고 오른쪽으로 바디 턴하는 연습법.

24. 거리가 변하지 않는 원인

중심 이동이 심하다—백스윙에서 다운스윙 변화—그립 압력.

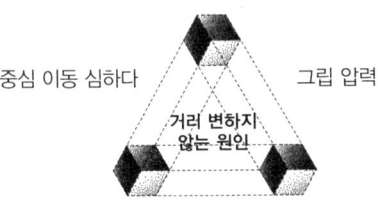

─ 중심 이동이 심하다: 발바닥에서 체중 전환이 일어나지 않고 좌우 척추의 축이 변하는 원인.
─ 백스윙에서 다운스윙 변화: 팔과 클럽 샤프트의 앵글 즉, 물리학적 현상 단계별 변화 원인.
─ 그립 압력: 스윙 중 그립 압력에 변화가 없어야 한다. 그립 점검 및 근력운동.

25. 파워스윙 연습법

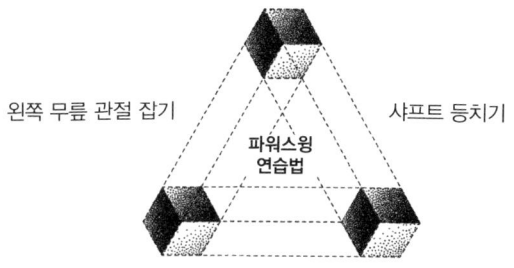

— 왼쪽 무릎이 제일 먼저 스윙한다. 배구공을 두 무릎 사이에 끼워서 다운스윙에서 왼쪽 무릎을 전환하여 볼 떨어트리는 연습법.
— 발바닥의 전환을 위하여 제이슨 데이(Jason Day) 선수는 오른 발바닥에 수건을 놓고 연습한다.
— 연습용 스틱을 발바닥에 수평으로 놓고 백스윙 후 멈추어 샤프트 등에 끌면서 다운스윙한다.
— 다운스윙 시 오른쪽 어깨를 몸 중심축 방향으로 당겨 왼쪽 어깨에 수직 맞추기. 왼쪽 어깨가 오래 머물게 하는 연습.
— 백스윙 시 오른발 안쪽 뒷굽에 체중을 전달하는 연습.
— 롱 아이언 연습법은 티 위(1.2m)에 놓고 연습하는 것이 좋다. 공기는 흙보다 저항이 적기 때문이다.

28장 운동 제어 단계

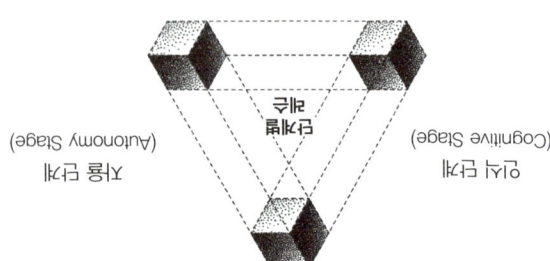

How 어떻게

When 어제   What 무엇

운동
단계

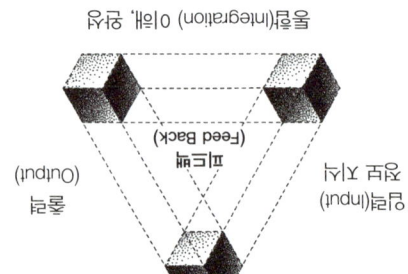

입력(Input)   출력(Output)
감각 정보   통합

피드백
(Feed Back)

통합(Integration) 이입, 융합

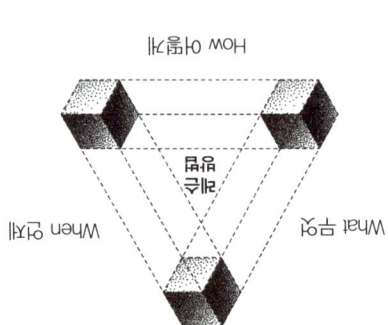

인지 단계   자율 단계
(Cognitive Stage)   (Autonomy Stage)

단계별
피드백

중간 연상 단계(Associative Stage)

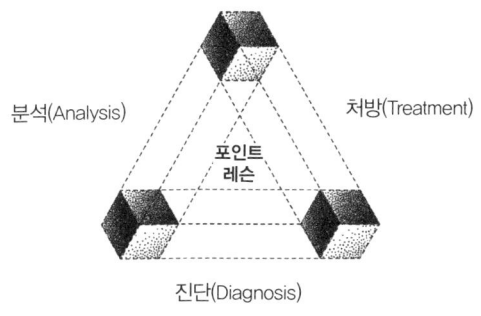

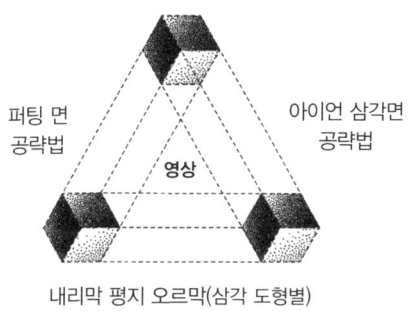

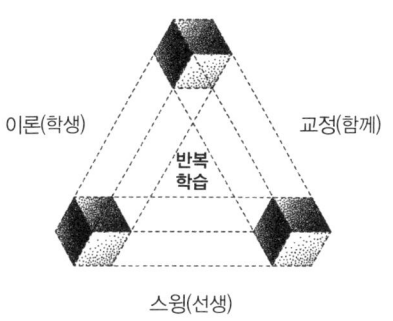

29장 골프 지식

1. 메이저 대회

— 마스터즈(Masters Tournament): 1934년, 미국 아마추어 보비 존스 (Bobby Jones)가 창설하였다. 미국 오거스널(Augusta National.inc) G.C에서 매년 4월 2째 주에 열리는 대회이다.
— US오픈(The US Open): 매년 6월에 열리며 전미 오픈 대회이다.
— 디오픈(The Open): 매년 7월 영국에서 열리는 대회이다.
— PGA챔피언십(PGA Championship): 매년 8월 열리며 세계 모든 프로선수들만 참가가 가능하다.
— 4개 대회를 모두 석권한 선수는 진 사라센, 벤 호건, 게리 플레이어, 잭 니클라우스, 타이거 우즈가 있다.

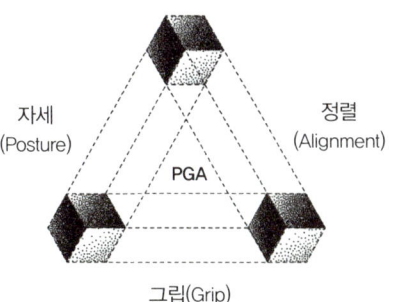

2. TIP

— 골반이 30도 회전하고 바디가 90도 회전하면 복근이 최대로 꼬여 거리가 많이 난다. 복근 없는 일반 골퍼는 예외일 수 있다.
— 빠른 스피드는 릴리즈가 필수이며, 클럽헤드가 양손과 함께 다운스윙하면 가속도는 붙지 않는다.
— 볼이 푸시 방향으로 밀린다면 볼이 몸 가까이 있는지 점검한다.
— 슬라이스 원인은 볼이 너무 멀리 있거나, 너무 왼쪽에 놓인 경우이기도 하다.
— 클럽의 길이가 길수록 볼 위치를 왼쪽에 놓는 이유는 샤프트 휨 모멘트 즉, 관성 모멘트로 인한다.
— 상체를 일찍 돌리면 릴리즈되는 도중에 임팩트가 일어나 슬라이스 또는 푸시 구질이 나온다.
— 볼 가까이 서면 임팩트 전, 후 직선 거리가 길어진다. 백스윙은 덜 열린다.
— 반발계수 0.83 이상 드라이버는 쓸 수 없고 이하만 가능하다.
— 어택앵글(Attack angle): 드라이버는 페이스 각도 6도 차이에 130야드 거리 차이 나고 상향으로 임팩트 되어야 발사각 증가로 볼의 스핀이 감소되어 멀리 간다.
— 힘주어 치는 스윙보다 클럽 로프트 각도를 살짝 숙이는 힘이 더 크다.
— 묻는 것은 한 때의 수치이나, 묻지 않는 것은 인생의 수치이다(언제나 배우려는 자세가 필요하다).
— 말뚝 안쪽에 볼이 조금만 걸려도 OB가 아니다.
— 그린 마크 중 볼을 건드리면 2타 벌타이다.

3. 샤프트 경도 표시

— 레이디(Ladies), 가장 부드럽다: 여성, 시니어용. 힘 약한 남, 여.
— 에버리지(Average), 부드럽다: 힘이 강한 여성과 힘이 약한 남성.
— 레귤러(Regular), 보통(표준): 여성 프로 골퍼, 일반 남성.
— 스티프(Stiff), 단단하다: 단단하여 힘이 강한 남성.
— 엑스트라 스티프(Extra Stiff), 가장 단단하다: 최고 단단한 샤프트로 힘 있는 프로용.

4. 스윙 무게(Weight) 표시

— A0—B9 소년, 소녀, 노인 적합한 무게.
— C0—C7 여성이나 힘 약한 남성.
— C8—D3 일반적인 남성.
— G4—D9 힘센 남성 및 프로.
— E 프로나 최고 강타자용.
— 플렉스(Flex), 토크(Torque), 밸런스 포인트(Balance Point).
— 뒷부분이 튀어나와 있는 아이언을 머슬백이라 하고, 비어 있다 하여 캐비티 아이언으로 분리된다. 웨지는 캐비티백이 없다.

5. 시상명

— 우승(Winner).
— 메달리스트(Medalist).
— 어네스트상(Honest).
— 니어(Near).
— 롱기스트(Longist).
— 다버디상(Big Birdie).
— 다 파상(Big Par).
— 다 보기상(Big Bogey).
— 오리상(Double Bogey).
— 일취월장상(Progressive).
— 봉사상(Service).
— 베스트드레서(Best Dresser).
— 오비상(Out Of Bounds).

6. 골프는 이성을 요하는 게임이다

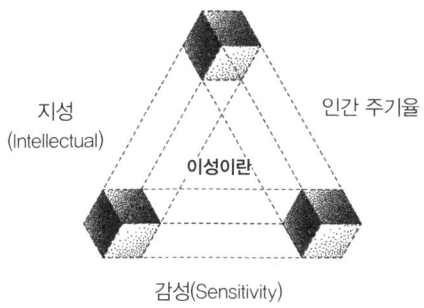

1) 지성(Intellectual)
— 생각을 정리하고 이를 바탕으로 새로운 인식을 가지게 하는 정신 작용, 넓은 뜻으로 직관, 오성 따위의 지적 능력.
— 심리: 새로운 상황에 부딪혔을 때에 맹목적이고 본능적 방법에 의하지 아니하고, 사고에 근거하여 그 상황에 적응하고 과제를 해결하는 성질.

2) 감성(Sensitivity)
— 저극이나 자극 변화 느끼는 성질.
— 인간의 인식 능력.
— 식물에 자극 주었을 때 자극 방향과는 상관없이 일부 기관이 일정한 방향으로 움직이는 운동을 일으키는 성질.

3) 인간 주기율
— 신체: 형태, 덩치, 체력, 정신.
— 정신적, 육체적으로 흥분되면 이성이 마비된다. 골프는 이성을 요하는 게임이다.

7. 스윙 선택 시 고려할 사항

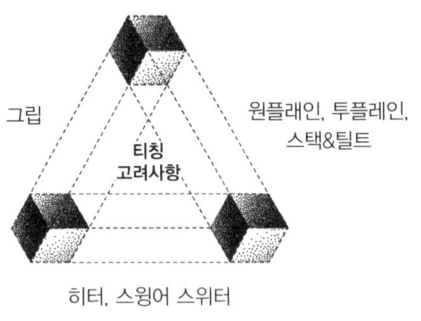

그립

원플래인, 투플레인,
스택&틸트

**티칭
고려사항**

히터, 스윙어 스위터

8. 잭 니클라우스 교습 3대 요소

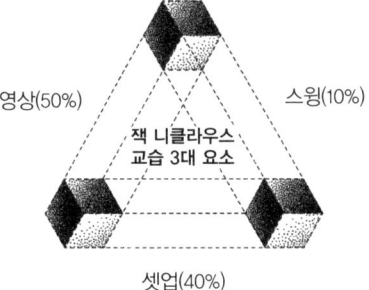

영상(50%)

스윙(10%)

**잭 니클라우스
교습 3대 요소**

셋업(40%)

― 머릿속에 매우 선명한 그림이 그려지지 않으면 절대 스윙하지 않는다.

9. 영상 3대 요소

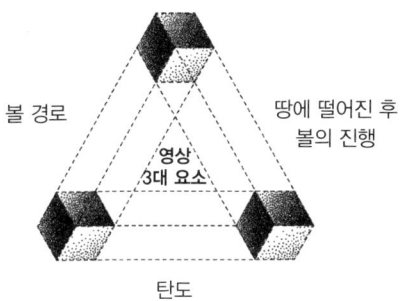

- 정렬에서 가장 중요한 것은 어깨이다.
- 더 얇은 그립을 사용하면 슬라이스를 교정하는데 도움이 된다. 그립이 굵으면 페이드, 슬라이스 구질이 되고, 그립이 가늘면 훅 또는 드로우 구질이 된다.
- 힐이 지면에 먼저 닿으면 닫히고 토우가 지면에 먼저 닿으면 열린다.
- 업라이트 스윙은 가까이 선다.

10. 클럽페이스 3대 요소

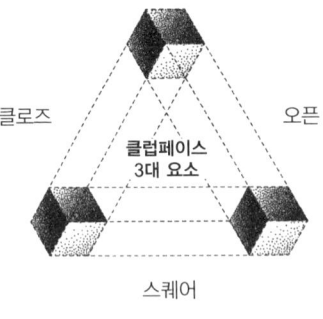

클로즈　　　　　　　　　　오픈

클럽페이스 3대 요소

스퀘어

— 볼 간격은 골퍼의 스윙 궤도와 무관하지 않다.
— 업라이트한 스윙은 가깝게, 플랫한 스윙은 멀리 두는 것이 좋다.
— 자신감은 노력으로 얻을 수 있는 기술 경험의 산물이다.
— 백스윙 때 오른쪽 무릎을 고정한다.
— 다운스윙에서 오른눈으로 클럽 궤도를 확인할 수 있다.
— 보상 동작은 좋은 방법이 아니다.
— 왜글은 전환으로 근육 유연하게 해주는데 도움을 주고, 샷을 미리
　그려 보는 것으로 볼 구질을 상상한다.
— 볼 구질을 위하여 그립이나 스윙을 극단적으로 바꾸는 것은 옳지 않다.

"플레이는 결과에 의하여 생각할 게 아니라
원인으로 생각해야 한다."

_By 벤 호건

피라미드 골프

제1판 제1쇄 발행 2019년 5월 20일

지은이	박길석
옮긴이	임용훈
마케팅	오미경
편집	전민호
용지	(주)정림지류
표지인쇄	(주)현성인쇄
본문인쇄	임마누엘
제본	동신제책사
펴낸곳	예문당
출판등록	1978년 1월 3일 제 305-1978-000001호
주소	서울시 동대문구 답십리2동 16-4
전화	02-2243-4333~4
팩스	02-2243-4335
이메일	master@yemundang.com
블로그	www.yemundang.com
페이스북	www.facebook.com/yemundang
트위터	@yemundang
ISBN	978-89-7001-702-0 03690

* 본사는 출판물 윤리강령을 준수합니다.
* 이 책은 저작권법에 의하여 보호를 받는 저작물이므로 무단전재와 무단복제를 금합니다.
* 파본은 구입하신 서점에서 교환해 드립니다.

* 이 도서의 국립중앙도서관 출판사도서목록(CIP)은 e-CIP홈페이지(http://www.nl.go.kr/ecip)와 국가자료 공동목록시스템(http://www.nl.go.kr/kolisnet)에서 이용하실 수 있습니다. (CIP제어번호:CIP2019013464)